讀品文化

注意！你的身邊有賤狗出沒

Watch Out! For The Dog.

做人不能比賤狗還要賤

常自嘲拍馬屁抱狗腿比不上別人
何不想想有態度有成績才是你的票房保證？

等價交換是這個世界的不變法則，害人容易，交友難
踩著同伴的屍體爬上巔峰
就得付出相當的代價

沒有理由的補尾刀，當心連狗還不如

賤狗總是會在賤裡推陳出新

創新是成功的靈魂，**要成功，先要擁抱失敗**

被淘汰的人總是會找任何藉口來交待自己的失敗
卻不曾想過用行動來證明自己還能再成功，這就是成功者與失敗者的分水嶺

抱狗腿只是一時，成績才是絕對
英雄不怕出生低，只怕賤狗看人低

李元顧　編著

永續圖書線上購物網 讀品文化事業有限公司

WWW.foreverbooks.com.tw yungjiuh@ms45.hinet.net

宣洩系列 03

注意!你的身邊有賤狗出沒

編　　著　李元顧
出 版 者　讀品文化事業有限公司
執行編輯　翁敏貴
美術編輯　劉逸芹

社　　址　22103 新北市汐止區大同路三段 194 號 9 樓之 1
TEL／(02)86473663
FAX／(02)86473660
總 經 銷　永續圖書有限公司
劃撥帳號　18669219
地　　址　22103 新北市汐止區大同路三段 194 號 9 樓之 1
TEL／(02)86473663
FAX／(02)86473660
出 版 日　2012年11月

法律顧問　方圓法律事務所 涂成樞律師
CVS代理　美璟文化有限公司
TEL／(02)27239968
FAX／(02)27239668

國家圖書館出版品預行編目資料

注意!你的身邊有賤狗出沒 / 李元顧編著.
-- 初版. -- 新北市 : 讀品文化, 民101.11
面 ; 　公分. -- (宣洩系列 ; 03)
ISBN 978-986-6070-61-7(平裝)
1.成功法
177.2 　　101018636

常自嘲拍馬屁抱狗腿比不上別人，
何不想想有態度有成績才是你的票房保證？

抱狗腿只是一時
成績才是絕對

Point 2

英雄不怕出身低 只怕狗眼看人低

對自己沒有信心，對工作沒有熱情，
整天抱怨加上不切實際的好高騖遠，
小心！就連賤狗都看不起你。

幹盡壞事可別指望老闆這麼說：
「你這狼心賤狗肺的大壞蛋！
公司就是需要你這種人材，
下禮拜給你升職加薪放長假！」

辦事要猛、賺錢要狠
但做人不能比賤狗還要賤

Point 4

打落水賤狗也是要看時機

沒有理由的補尾刀，當心連狗還不如

等價交換是這個世界的不變法則，
害人容易，交友難，
踩著同伴的屍體爬上顛峰，
就得付出相當的代價。

我們都知道狗急會跳牆，
但是人急卻不必跳樓，
轉身勇敢去面對，
就會發現事情根本沒有想像中的複雜。

賤狗！你在面目猙獰什麼？

是沒看過壞人嗎？

Point 6

賤狗總是會在賤的方面推陳出新
難道你不會嗎？

被淘汰的人總是會找任何藉口來交待自己的失敗，卻不曾想過用行動來證明自己還能再成功，這就是成功者與失敗者的分水嶺。

Point 1

抱狗腿只是一時，成績才是絕對

常自嘲拍馬屁抱狗腿比不上別人，

何不想想有態度有成績才是你的票房保證？

從今天開始，走向事業的巔峰

每個人都有成功的機會，關鍵在於你的心態。

豐群集團董事長張國安先生常說：「成功就是比別人多走一步路。」他說自己很多的機會都不是主動去找的，都是別人主動找他。因爲你在做事情，別人都在看。你只要做得比別人好，別人就會發現你。他說，任何事情，他都比別人多走一步路，多做一點點，這就是他成功的秘訣。以他多年的奮鬥經驗來看成功，其實很簡單，請你比別人多努力一點。雖然人家一直說「努力不一定會成功」，「努力再多也不一定更成功」，可是諸多像張國安先生一樣的成功人士卻認爲「一定要努力」，因爲只有努力了你才能夠取得成功。

博恩・崔西是美國家喻戶曉的成功學專家，他本身也是億萬富翁。可是你能想得到嗎？二十多年前，年輕的博恩・崔西也和你我一樣，在一家大企業當個螺絲釘，是個等級最低的員工。他在一間狹小的辦公室的最裡面，只有一張桌子、一把椅子，連電腦也沒有。他從早忙到晚，處理的只不過是各種雞毛蒜皮的小事，這讓他感到很失敗，常常有一種挫折感，認爲他自己的價值沒有得到充分的利用。

一個月後，他忍不住去找了公司的老總，說他現在已經完全能夠勝任自己現有的工作，但是他還是希望得到更多的機會，去完成更多的任務，去承擔更多的責任。他告訴老總說自己喜歡讓自己忙些，讓自己爲公司去做更多的活。說完之後，他注意著老闆的神色，老闆微笑著點頭表示會考慮他的想法。但是一周之後，他的工作沒有發生什麼變化，他仍然只是處理那些雞毛蒜皮的小事，於是，每隔幾天，他就去找老總，反覆表達自己的想法——願意承擔更多的責任。如此過了一個月之後，老總找到他，問博恩是否願意在做好本職工作之後去爲他料理一些事情，他誠懇地答應了，並把新的任務拿回到辦公室埋頭苦幹。

自此之後，他不斷要求更多更有難度的任務，並總是提前把這些任務做完，同時又確保它的品質。有時，爲了完成這些任務，他經常加班工作到深夜。每一次他出色的表現都會令老闆對他刮目相看，因此就會交給他新的任務，更讓老闆欣賞的是他那種高效率高品質的工作態度。

果然，不久之後他得到了老闆的認可，也得到了公司員工們的一致認同，他所接手的項目也越來越多、越來越大。再到後來，他被更大的公司的看中，人生又到達了另一個階段。

如今，他已經實現了自己從工作之初就懷有的夢想，有地位、收入高、有事業等。從他的經歷中我們可以知道，他的成功來自於他從不停歇的努力，他不斷爭取新的任務，並認真地去落實，在不斷挑戰自己的過程中提升自己的能力。

華人首富李嘉誠在他的書中曾說：「成功的秘訣就在於比別人努力兩倍。」曾經的世界首富堤義明（日本西武的總裁）也說：「要成功的話，需要比別人努力三倍。」不管兩倍也好，三倍也罷，都只不過是個模糊的形容，這些成功者之言的重點就在於：「成功就是比別人多走一步路，成功的秘訣就在於比別人努力付出更多。」就像有人問比爾・蓋茲：「你是不是總是瘋狂地工作到清晨四點？」他說：「偶爾啦，但大部分都是工作到十二點，然後吃晚餐，然後回家之後再閱讀一個半小時。」我們看看這位已過不惑之年的比爾・蓋茲，這位大名鼎鼎的世界首富，他是不是比你更努力？假如是的話，那麼你還有什麼不努力的藉口呢？

世界上那些已經取得成功的人士尚且如此努力地工作，那麼對於我們這些普通的平凡人而言，還有什麼懶惰的理由呢？一個人只有在不斷的努力當中才能夠不斷地成長，不斷地充實自己，才能夠不斷地獲得成功。笨鳥靠先飛猶能成功，那麼聰明伶俐、具有無窮潛力的我們如果能夠比別人先行一步、多努力一分，那麼成功還不指日可待嗎？

等待和沉淪是人生的毒藥

絕大多數人習慣於消極等待，因為他們不願意花費力氣主動去尋找自己前進的道路，只把希望寄託在可遇而不可求的機遇上，或者希望別人伸出援助之手，這種消極等待的心態釀成了很多失敗的悲劇。

對於總是消極等待的人來說，他們既沒有積極主動的精神去認識環境，更沒有足夠強的能力去駕馭環境的變化。他們不善於培養自己發現「身邊的機遇」的習慣，總以爲機遇在遙不可及的地方，總是消極等待機遇的出現，那麼談何抓住機遇、掌握命運呢？更有甚者，即使天上掉下來的禮物砸到了頭上，他都還沒有知覺，白白的錯過了機遇，那麼留給他們的，則是無法挽回的損失和無窮的悔意。

「中美洲」號失事之後，有一位船長講述了自己曾經提出過援助但卻未果的故事。

「那天晚上，我們碰到了不幸的『中美洲』號。天正在漸漸地黑了下來，海上風很大，波浪滔天，一浪比一浪高。我給那艘破舊的汽船發了個信號打招呼，問他們需不需要幫忙。」

「情況正變得越來越糟糕。」亨頓船長朝我們喊道。

「那你要不要把所有的乘客先轉到我的船上來呢？」我大聲地問他。

「現在不要緊，你明天早上再來幫我好不好？」他回答道。

「好吧，我盡力而為，試一試吧！可是你現在先把乘客轉到我的船上不是更好嗎？」我回答他。

「你還是明天早上再來幫我吧，現在還不用！」他依舊堅持道。

後來當亨頓船長意識到了問題的嚴重性，想要向救生船靠近以轉移乘客的時候，卻由於晚上天黑浪大，怎麼也無法固定位置了。就在亨頓船長與他對話後的一個半小時後，「中美洲」號連同船上的那些乘客就永遠地沉入了大海。

生存的希望或者可貴的機遇往往就那麼一閃而過，如果不及時抓住，哪怕只是片刻的猶豫，都會釀成無法挽回的悲劇，令人追悔莫及。亨頓船長面臨著可貴的生存機遇，卻沒有及時抓住，等到災難發生的時候，才意識到這個機會的價值。然而一切都來不及了，自責沒有用，悔恨也不能解決問題，他的盲目樂觀與優柔寡斷使得多少乘客成爲了犧牲品！

雖然我們生活中可能沒有這麼驚險的事情發生，但是仔細想想，確實有不少像亨頓船長一樣的人，他們與其說缺乏做好事情的能力，不如說缺乏敏銳的眼光和決斷的能力。多少可貴的機遇就在他們的優柔寡斷中溜走了，只有在經歷過痛苦之後，他們才幡然悔悟，機不可失，時不再來！然而一切都爲時已晚。

這種人總是不能很好地把握時機，要麼太早，要麼太晚。在孩童時期，他們就總是遲到，做事情總是比別人拖沓，就這樣慢慢養成了「慢半拍」的習慣。到了需要他們承擔責任的時候，他們才開始後悔。可是這種後悔又讓他們陷入了無止境的自責之中，他們悔恨於曾經白白浪費了多少可以賺錢的機會，或是白白放過了多少可以彌補這些損失的機會。然而，當他們沉浸在過去的悲傷或者將來的憧憬時，他們更看不到此時此刻的機遇，因為他們被過去的傷痛遮住了眼睛。他們的優柔寡斷使他們永遠不能用快速的行動去抓住眼前的機會，而他們的無盡悔恨又使得他們錯失了未來的機遇。

等待只會讓人慢慢消耗完青春，沉淪只能讓人慢慢磨滅了意志。相反，如果你能做一個積極進取的有心人，不甘於等待和沉淪的話，你甚至可以從逆境中走出來，開創自己的人生。

約翰．威爾遜先生的事業在經濟衰退期曾經經歷過不小的衝擊，當時他已經到了要宣告破產的地步，不但身負巨債，更有許多債權人威脅著要打官司。事實上，已經有很多債權人將他告上了民事法庭。在這種走投無路山窮水盡的情況下，破產對約翰來說是遲早的事情。

在這期間，約翰整個人變得意志消沉，憔悴萎靡，每天的上班對他來說已經成為一件非常痛苦的事。只要一踏入公司，討債的電話便蜂擁而至，刺痛他全身的每個細胞。

有一天，他在下班搭乘地鐵的途中，讀到了一本雜誌。其中一則記載某位人士買下一家即將倒閉的公司並將之重新整頓的報導深深地吸引了他。

「他都能夠挽回破產倒閉的命運，爲什麼我就不能呢？我應該也可以做得到。」

約翰的心底重新燃起了希望之火，他開始從「辦得到」、「做下去」的觀點來重新衡量事物。

他仍然會以委靡不振的樣子出現在公司嗎？不，完全相反。第二天一大早，他匆匆忙忙乘坐地鐵，一進公司便要求經理將所有債權人的電話都整理出來。

然後他開始打電話給每一位債權人：「能不能請你再寬限一段時間，只要再過幾個月，我一定會將欠你的錢連本帶利一起還給你……」他用一種從來沒有過的誠懇態度來請求對方。

憑著真誠自信的語氣，約翰竟然使得所有債權人都答應了他的要求。負債的壓力一消失，他便集中全部精力在公司的業務上，由於他的信心和勇氣，這家公司又順利接下許多訂單，不久，他公司帳簿上的赤字逐漸消失，開始轉虧爲盈。

就這樣，約翰用他的勇氣使公司起死回生，終於擺脫了困境，走向了成功。而與約翰處於同一境地的許多人，都在等待中相繼破產，過著潦倒的日子。

從約翰的故事中我們可以看出，處在困境中，如果你甘心忍受困境的擺佈，什麼都不去做的話，那麼等待你的就必然是更大的失敗和挫折。反正事情不可能比現在更壞，為什麼不乾脆放手一搏呢？如果你主動去做些什麼，事情反而可能會有轉機。

主動出擊，抓住工作中的機遇

人生在於規劃，機遇是實現人生夢想必不可少的條件，然而機遇與那些只是需要工作、消極等待的人是沒有緣分的，它只垂青於那些富有進取意識和創造力的人，就是那些被工作所需要的人！

你也許會奇怪，在相同情況下，有的人創造了機遇走出困境，而有的人卻與機遇擦肩而過，深陷困境不能自拔。其實，機遇往往是隨著人們積極行動的過程而出現的，這種積極的準備本身就是一個創造機遇的過程。

誰都渴望成功，誰都有財富夢想，可是真正成功的又有幾人？他們不是運氣不夠好，也不是上天不垂青，只不過是因爲他們尙停留在空想的階段，從沒有付出努力去爭取。這些人習慣了過一種安穩悠閒的生活，在肉體和精神上變得怠惰。然後漸漸地，他們對自己說：「哦，你瞧，我這樣的生活也不錯，至少我還活著，有一份可以餬口的工作！」然後有一天，當他們因爲缺乏工作熱情被老闆辭退的時候，他們又對自己說：「哦，你瞧，其實沒有工作也沒什麼，至少還可以領失業救濟金呢！」就這樣，這些人的生活品質一天糟過一天，日子在他們的等待中變得越來越壞。

亨利・福特是美國密歇根州的農場主之子，他的父親是愛爾蘭移民，來美國時一文不名，福特卻成爲了福特汽車工業的創始人，他的經歷不得不說是一個傳奇。

年輕時候的福特在愛迪生公司的底特律的分廠擔任機械工程師，作爲一名新來的技師，亨利的工作是很辛苦的。起初，亨利的工作主要是在一個變電所負責各種機器的安裝和檢修，而且是夜班，也就是從下午六點到次日清晨六點工作，而月薪才四十五美元。

雖然工作辛苦，但是亨利一到了這種四周擺滿了機器、空氣中瀰漫著汽油味、發動機的聲音震耳欲聾的環境裡便彷彿是如魚得水。由於他那種從小就培養起來的對機器近乎狂熱的愛好，他的工作態度十分認真，對新技術的理解、掌握和運用也逐漸地得心應手起來，一年後，亨利就從變電所調到了愛迪生照明公司總廠。又過了幾個月，他被提升爲公司的副總機械師，月收入也升到了七十五美元，再過了幾個月，亨利・福特成了底特律愛迪生照明公司的總機械師，月薪一百美元，這在當時是相當高的收入。

雖然已經是總機械師，但是亨利仍然像以往一樣勤奮地工作。這時的亨利，經濟已經有了一定的基礎，舒適的工作條件也都已經具備了，可是他並沒有因此而滿足、鬆懈下來。他經常翻閱《美國機械師》雜誌，他心中常常在想如何才能實現那個從兒時起就縈繞在自己腦海中的夢想。於是他在家裡搞了一個工作室，在工作之餘便與一些志同道合的夥伴研究汽車，他的命運也隨之發生轉變。

一八九六年，他終於造出了一輛能夠運行的車，這給了福特極大的鼓舞，使他繼續在這條路上堅定不移地走下去。在一八九七年一月到一八九八年底的兩年時間裡他在自己簡陋的工棚裡設計並製造出了兩台汽車。

一八九九年八月五日，在底特律市卡斯大街一三四三號，底特律汽車公司正式成立了。亨利・福特如願以償，任公司的機械主管和總工程師，並在新成立的公司中持有股份，新公司的資本爲十五萬美元。

新公司成立時也召來了大批記者，消息傳遍全市，這時愛迪生照明公司底特律分公司的總經理亞歷山大・道坐不住了，八月十五日那天，他把亨利找來，兩人在道的辦公室進行了一次談話。

「亨利，報紙上的消息我看到了，祝賀你！不用我再多說什麼，你的才能是有目共睹的，你是我們公司最有才能的人，我們大家都非常相信這一點。」道還是很客氣的，緊接著他把話題一轉，「可是作爲多年的朋友，作爲你的上司，我不得不遺憾地指出，你現在所做的這一切是錯誤的。」

「爲什麼？」亨利問。

「因爲你現在在外面所做的一切是沒有意義的，汽油怎麼能作爲運輸工具的動力源呢？」道擺手制止了亨利的辯解，又說：「我衷心地希望你把精力用在咱們公司的那些機器上，好好在電上動動腦筋，用你研究車的那股勁頭，看看能不能搞出點名堂來，別再去管外面的事情了，把那些不相干的事辭了吧！」接著，道又開出了一個誘人的條件。

「年輕人，在公司裡我又不大懂技術，總想物色一個合適的人選來擔任公司的總管，到目前爲止，我覺得你是最合適的。請你考慮一下我說的話，然後給我一個答覆。好嗎？」

「我已經考慮好了，先生！」亨利回答。

「你同意了？」道有些驚訝。

「不，我決定辭職，辭職報告明天送來，非常感謝您這些年來對我的信任和照顧！」

就這樣，亨利離開了愛迪生照明公司，開始了他的汽車之路。

試想一下，假使亨利在這個時候安於現狀，繼續留在愛迪生照明公司，恐怕汽車的歷史都要被改寫。

成功很多時候都與智商的高低無關，生活和事業中其實沒有多少權謀機詐，不需要多高的智商。不要等待專屬於你的機會出現，而要創造機會——就

像那個牧羊人的孩子弗格森用一串串的珠子來計算天上的星星一樣為自己創造機會，就像喬治．史蒂芬森在骯髒的煤礦馬車旁邊用粉筆來得出一個數學定律一樣去創造機會，就像拿破崙在近百種「不可能」的情況下為自己創造出了偉大事業一樣去創造機會。

記住，想要成功，最關鍵的是，你夠不夠主動，你夠不夠積極。

不要讓自己陷入絕望中

生活中，如何承受打擊和挫折對我們來說是人生最大的挑戰。

亞瑟．米勒有一本劇作《推銷員之死》，書中的男主角沒有辦法承受生活的打擊，理想的喪失使他絕望，徹底地摧毀了他。

在你的生活中，可能會遇到這樣的情況：事情沒有成功，或沒有朝自己期望的方向發展，甚至完全背離；你沒有辦法獲取你所期望的東西，或者你覺得某件事情你根本沒有能力辦到。當這些事情對我們來說非常重要的時候，你的挫折感和失望感將會使你走向極端——絕望。

傑克自從進入公司以後，一直期望有一個升職的機會。他工作非常勤奮，每天都在公司加班到很晚，當然，他的辛苦並沒有白費，他的上司墨菲對他這一點非常讚賞。於是有一天，墨菲拍著他的肩膀對他說：「夥計，好好幹，在這個部門裡，你是最有可能被提升的！」

這句話給傑克帶來了無限的希望，他開始設想新的職位可能帶來的變化：工作更加輕鬆、有趣，薪金也會增加，他可以住進更好的房子。

不幸的是，在預期提升的前兩個月，墨菲被調職了，傑克升職一事被擱置。而更糟糕的是，兩個月後，傑克發現，他一直渴望的職位被另一個人頂替了，與升職有關的所有計劃、期望和目標都化爲泡影。

他爲此深感憤怒，繼而陷入絕望之中。他告訴自己，事情從來都不會對他有利，再努力也是白費。他反覆考慮這件事的不公平性，卻沒有能力改變現狀。於是他開始埋怨：我早應該料到這一點，我應當有信心去找另一份工作，但我沒有。他們只是在利用我，這不公平，他們應當意識到，墨菲已經答應提升我了，他們在最後關頭奪走了我的機會。我無法面對這一切，什麼也改變不了，我的前途被毀了！傑克開始陷入絕望之中，開始覺得自己是個失敗者，辛勤工作獲得升職不再是他的目標，他開始墮落的一天到晚泡在酒吧裡，之後，他的絕望毀了他，他接到了公司的解聘信。

要知道，在我們的生活中，我們很有可能遇到像傑克一樣的事情，原來所設想的最後沒有實現，這或多或少會讓人感覺不愉快，但就算我們再不愉快，這樣的事情也已經發生了，與其讓這些無可挽回的事實破壞我們的情緒，摧毀我們的前程，還不如坦然接受和適應它們。假如你像傑克一樣將自己陷入絕望中，不停地暗示自己是個失敗者，那麼，你就會真的成爲一個失敗者，所以，千萬別讓自己陷入絕望中，要知道，這種自我暗示會讓你的想法變成事實。

我們最大的力量，往往是從我們的內心開始產生的，正如我們最大的敵人是我們自己一樣。消極絕望的自我暗示，往往可以將人帶向毀滅。

心理學家曾經做過一個著名的試驗。他們找來一個被判處死刑的囚犯，告訴他，他將被用刀割破靜脈，讓血慢慢流乾而死。在徵得他的同意後，罪犯被綁起來，並被蒙住雙眼。然後，醫生明確告訴他，現在開始用刀割開他的靜脈。但實際上，醫生只是用刀背在他的手腕上劃了一下，在他的身邊放了一個滴水的裝置，讓罪犯以爲是他的血在滴落。開始的時候，聽到水滴落的聲音，罪犯不停地掙扎，表情很痛苦。慢慢地，隨著醫生故意將水滴落的速度減慢，造成犯人的血快流乾的假象，犯人也逐漸由掙扎變成痙攣，並在水快要滴乾的時候真的死去了。

看，假如你一直陷入絕望之中，一直對自己說：「我再也沒有希望了！」那麼你就真的沒有希望了。而假如你能夠讓自己從絕望中走出來，那麼在你的面前仍然會有一條充滿希望的路。

五年前，一直勤奮工作的老職員湯尼死於心臟病。他的伴侶桑德拉悲慟欲絕，自此以後，她便和成千上萬的人一樣，陷入了孤獨與痛苦之中。

「我該做些什麼呢？」在湯尼離開她一個月之後的一天晚上，她跑到牧師那裡求助，「我將住到何處？我還有幸福的日子嗎？」

牧師告訴她，她的焦慮是因爲自己身處不幸的遭遇之中，才五十多歲便失去了自己生活的伴侶，自然令人悲痛萬分。但時間一久，這些傷疤和憂慮就會慢慢減緩消失，她也會開始新的生活，從痛苦的灰燼中建立起自己新的幸福。

「不！」她絕望地說，「我不相信自己還會有什麼幸福的日子。我已經不再年輕，孩子也都長大成人，成家立業。我還有什麼地方可去呢？」可憐的女人得了嚴重的憂鬱症，而且不知道該如何治療這種疾病。她爲自己的命運自怨自艾。

後來，她覺得孩子們應該爲她的幸福負責，因此便搬去與一個結了婚的女兒同住。但事情的結果並不如意，她和女兒都面臨到一些痛苦的問題，甚至惡化到大家翻臉。她後來又搬去與兒子同住，但也好不到哪裡去。後來，孩子們共同買了一間公寓讓她獨住。

她又來向牧師哭訴說所有的家人都棄她而去，沒有人要她這個老媽媽了。牧師對她說：「我想你並不是想引起別人的同情或憐憫，無論如何，你可以重新建立自己的新生活，結交新的朋友，培養新的興趣，千萬不要沉溺在舊的回憶裡。」

她終於聽從了牧師的勸告。她開始擦乾眼淚，換上笑容，開始忙著學習畫畫。她也抽時間拜訪親朋好友，盡量製造歡樂的氣氛，卻絕不久留。沒多久，她開始成爲大家歡迎的對象，不但時有朋友邀請她吃晚餐，或參加各式各樣的聚會，並且還在社區的會所裡舉辦畫展，處處都給人留下美好印象。她的子女也與她和好如初。後來，她參加了「地中海之旅」。在整個旅程當中，她一直是大家最喜歡接近的目標。她對每一個人都十分友善。在旅程結束的前一個晚上，她的房間是全船最熱鬧的地方。她那自然而不造作的風格，讓每個人都留下了深刻的印象，並願意與她為友。

從那時起，這位婦人又參加了許多類似這樣的旅遊。她知道自己必須勇敢地走進生命之流，才能夠擺脫絕望。她成功了，她的所到之處都留下了愉快的氣氛，人人都樂意與她接近，而她也在其中得到了快樂。

要記住，有些時候，與其讓自己陷入絕望之中，倒不如再次創造機會。易卜生曾經說過：「不因幸運而故步自封，不因厄運而一蹶不振。真正的強者，善於從順境中找到陰影，從逆境中找到光亮，時時校準自己前進的目標。」偉大的發明家愛迪生不就是在無數挫敗的基礎上發明電燈的嗎？所以，在我們的生活中，永遠沒有徹底的失敗，記住過去的慘痛教訓，勇敢努力地去創造新的未來才是你的最佳選擇。

不要讓惰性操縱你的人生

人都是有惰性的。

睡在暖洋洋的陽光下不想起來；坐在樹蔭下聊天消磨時光；不願工作或沉迷於遊樂場中流連忘返……這些行徑致使好多應該做的事情沒有做，也使好多本應成功的人庸庸碌碌，其罪魁禍首就是懶惰。懶惰是潛藏在每個人身上的敵人，可惜很多人無法靠激勵機制調整情緒和幹勁，因此無法打敗惰性。成就大事者的人生習慣是必須讓惰性在身上死掉，否則在任何時候你都會是一個平庸者。

懶惰還容易養成拖拉的習慣。懶惰的人在工作時一直處於低迷的狀態，凡事都能偷懶就偷懶，能少做就少做，實在是沒有辦法偷懶的時候，再去慢慢地做一點，然後再拖延幾天。這樣一拖再拖，就有很多事情被延誤了下來，久而久之就會養成拖拉懶散的壞習慣。最初可能只是由於猶豫不決才拖延事情，但等到一個人養成了拖延的習慣，就會有眾多藉口導致懶惰無休止的繼續下去。

對於拖延的人，無論用什麼理由都不能使他自覺放棄拖拉的習慣。拖延並非人的本性，它是一種因缺乏激情和動力而養成的惡習，因此是一種可以得到改善的壞習慣。這個壞習慣並不能使問題消失或者使解決問題變得容易起來，而只會製造問題，給工作造成嚴重的危害。推脫或懈怠不僅會延誤最佳的時機，更會損壞企業的利益。

安東尼曾經是一個部門的主管，但是有一天，因爲他沒能及時做出關鍵性的決定而使公司蒙受損失，爲此，上司不得不將一封解聘信交給他。

他對上司解釋說：「這並不是我的錯，你知道，我的工作實在是太多了，我每天一醒來就一頭栽進工作堆裡，忙得焦頭爛額，連喝杯水的時間都沒有，甚至我連睡覺的時間都在想著工作的事情。那麼多的文件等著我看，我怎麼可能及時地將它們一一看完並及時作出決定呢？」

爲了讓他心服口服，上司將他帶到與他同屬一級主管傑克遜的辦公室去看看人家是如何工作的。當他們來到傑克遜的辦公室時，他正在接聽一個電話。聽得出來，和他通話的是他的一個下屬，傑克遜很快就給對方作出了工作指示。剛放下電話，他又迅速簽署了一份秘書送進來的文件。接著又是電話詢問，又是下屬請示，傑克遜都馬上給予了答覆。

上司轉過頭對安東尼說：「你現在明白你的毛病出在哪兒了嗎？傑克遜是現在就把經手的問題解決掉，而你卻無論遇到什麼事都先接下來，等過會兒再處理，結果傑克遜的辦公桌上空空如也，而你的辦公桌上的文件卻永遠堆積如山。所以，公司解雇你並不是因爲你的這一次失誤，而是因爲你一貫的惰性。」

一個人若想要在自己的事業生涯中取得成功，秘訣就在於克服自己的惰性，從現在開始，別再把事務拖延在一起後才去集中處理，而是行動起來，立刻去做好正在經手的每一件事。不要有那種「我待會兒再做」或者「這件事情並不緊急，我明天再做」的想法。不論是「待會兒」或者是「明天」，你所做的無非都是拖延時間而已，透過這種暫時性的逃避你雖然換得了片刻的輕鬆，但是這樣的你恰恰就是公司裁員的必然對象。

有一句家喻戶曉的俗語幾乎可以成爲很多人的格言警句，那就是：任何時候都可以做的事情往往永遠都不會有時間去做。我們的惰性常常使得我們做事拖沓，抓不住寶貴的時間，所以，不讓自己拖延是克服我們的惰性的第一步。

這是一個時間就是金錢的時代，任何低效率都可能錯失良機，更何況把事情拖延而不去執行呢！有了任務就應該及時去做，不拖延、不找藉口，同時，自己的能力和素質也會得到很大提升，更能使自己的人品被旁人信賴，還可以很好地維護公司的利益，這樣才能表現自己的敬業與忠誠。要時刻牢記：落實任務是不能拖延的，從現在開始用「立即執行」的好習慣取代「拖延」，讓我們和懶惰說再見！

滿足於現狀就錯了

如果你滿足於現狀，那麼你的才華將永遠被埋沒掉。

滿足於現狀的心態是我們通往成功路上的最大障礙。滿足於現狀使你沒有信心，懷疑所有的一切；總覺得創造力和成功與自己無關，這樣的你會把注意力放在一些微不足道的小地方，把原來可以用來創造的精力花在擔心可能發生的不妙後果上，因而錯過了發揮創造力的機會。

據說所羅門國王是世界上最明智的統治者，他曾說：「他的心怎樣思量，他的爲人就是怎樣的。」

換而言之，你相信你能夠超越現狀，你就可能超越現狀，而如果你並不想這樣，那麼你就只能停留於現狀，甚至落到更糟糕的地步。

人不可能取得他自己並不想追求的成就。人不相信他能達到的成就，他便不會去爭取。當一個人對自己不抱很大的期望時，他就會給自己的才華澆冷水，他就會成爲自己潛質的最大敵人。

對於現狀的態度有兩種：要麼滿足，要麼超越。當你所擁有的現狀會阻礙你才華發揮的時候，你所要做的就是打破它。人的才華是沒有極限的，唯一的限制來自你所接受的知識系統、道德系統和價值系統。

一個人的能力與才華究竟有多少，恐怕連他自己也不會知道。而我們的才華，就是在一次又一次的挑戰中被激發出來的。

不要想著你可以永遠保持你目前的狀況，要知道，一杯新鮮的水，如果放著不用，不久就會變臭。一家經營得很好的商店，店主如果不時常檢討調整改進，他的業績也必定會逐漸地衰落。同樣，一個人即使目前工作很不錯，眼前的事情都能應付得來，但是如果他不追求進步，有一天他會被自己的工作所拋棄。

一個積極成功者的特徵，就是他能永不停止隨時隨地的追求進步，永不滿足於目前的狀況。成功的人深深地害怕退步，害怕自己停下的腳步會被別人趕上，因此他總是自強不息的力求進步。一件事情做到某一個階段，決不能停止下來，而應該繼續努力，以求達到更高的階段。一個人在事業上自以爲滿足而不再追求進步時，便是他的事業由盛而衰的開始。

每天早晨，我們都應該下定決心，讓自己在工作中做得更好些，今天比昨天應該有所進步，而晚上離開辦公室、工廠或其他工作場所時，一切都應該安排得比昨天更好。堅持這樣做的人才能將自己的才華發揮出來，取得驚人的成就。

才能是可以從他人身上借鑑學習的，只要你不滿足於現狀，經常與外界接觸，常和其他競爭者接觸，那麼你一定可以從他們身上學到一些你並不擅長的技能，從而使自己突破自我局限。

美國芝加哥有一位成功的零售商，他利用一星期的假期，去參觀訪問國內的大商場，由此，他得出了改良自己商場的辦法。在此之後，他便每年到東部旅行，專門去研究幾家大規模商場的銷售和管理方法。他認爲，這樣的參觀是絕對必要的。否則，墨守成規、一成不變地做下去，必定會走向失敗。

他說，他的商場經過幾番改進和以前已經大不相同了。以前從未注意到的缺點，比如貨品的擺設不能吸引顧客，員工的工作不認真等，透過參觀同行的企業，便一目瞭然，引起他極大的注意。於是，他開始大刀闊斧地調整，比如改變櫥窗的陳列，辭退不忠於職守的僱員等，這樣做以後，店內的氣象煥然一新，業績也有了很大提高。而這一切，就是因為他不滿足於現狀，願意向他人學習的結果。

人的身體之所以能保持健康活潑，是因爲人體的血液時刻都在更新。同樣，一個人之所以才華出眾，是因爲他從不滿足於現狀，永遠都在吸收新的東西，爭取新的突破，也只有這樣，他的事業才能一天一天地發展起來，直至成功。

那些老是待在一個環境中的人，必定要走向失敗的迷途。他們往往對現實狀況心滿意足，對存在的缺陷又毫不察覺。對於這種種缺陷，如果他們不改變自己的想法，他們是絕對發現不了的。

關於不滿足於現狀，大多數人的弊病是，他們認為，要改變現狀，必須整體地改進。他們不知道改進的唯一秘訣，乃是隨時隨地的求改進，在小事上求改進。而只有這樣做，才能收到最好的效果，才能將自己的才華不停地發揮出來。

所以，千萬不要滿足於你的現狀，因為這樣的話，你的才華會被埋沒掉。

得過且過是消極的人生觀

得過且過的人，不管在生活中還是工作中，總是一副無所謂的樣子。他們沒有自己的人生目標，沒有自己的計劃，整天無所事事，漫無目的地遊蕩。他們所謂的人生哲學就是：當一天和尚撞一天鐘！這是一種消極的生活態度，也是一種消極的人生觀。

消極的等待是絕大多數懶惰者共同的特徵，因爲他們不願意花力氣主動尋找自己的出路，只把希望寄託於某次偶然出現的機遇或者貴人相助的神話。這種消極等待，造成了一些人無法成就事業的悲劇。

對於消極等待的人來說，想要改變失敗的命運，首先就要改變消極的心態。永遠記住，心態決定事業的成敗。當你積極主動地去創造條件、去尋找機遇，不僅可以一步步地走出困境，還可以一步步地接近成功。

有這樣一個故事，對我們每個人都有所啓發：

塞爾瑪陪伴丈夫駐紮在沙漠的陸軍基地裡，她丈夫奉命到沙漠裡去演習，她一人留在陸軍的小鐵皮房子裡，天氣熱得讓人受不了，即使在仙人掌的陰影下也是華氏一百二十五度（攝氏五十二度）。沒有人可以談天，只有墨西哥人和印第安人，但他們不會說英語。她非常難過，就寫信給父母說要丟開一切回家去。她父親的回信只有兩行字，這兩行字卻永遠留在了她心中，完全改變了她的生活。

兩個人從牢中的鐵窗望出去，一個看到泥土，一個卻看到星星。塞爾瑪一再讀這封信，覺得非常慚愧。她決定要在沙漠中找到「星星」。塞爾瑪開始和當地人交朋友，他們的反應使她非常驚奇，她對他們的紡織、陶器表示興趣，他們就把他們最喜歡，捨不得賣給觀光客人的紡織品和陶器送給了她。塞爾瑪開始研究那些讓人入迷的仙人掌和各種沙漠植物，又學習有關土撥鼠的常識。她觀看沙漠日落，還尋找海螺殼，這些海螺殼是幾萬年前當這沙漠還是海洋時所留下來的……原來難以忍受的環境變成了令她興奮、流連忘返的奇地。

是什麼使這位女士內心有了這麼大的轉變？沙漠沒有改變，印第安人也沒有改變，但是這位女士的念頭改變了，心態改變了。心態的不同，使她把原先認爲惡劣的情況變爲一生中最有意義的冒險。她爲發現新世界而興奮不已，並爲此寫了一本書，並以《快樂的城堡》爲書名出版。她從自己造的牢房裡看出去，終於看到了星星。

我們最大的敵人就是我們自己。許多人難以成事，關鍵就在於心態上的失敗，他們無法讓自己走出消極心態造成的心理誤區，很難以積極主動的態度做自己的事。如果要想有所成就，必須牢固樹立積極成功的心態，徹底清除和控制消極失敗的心態。如果我們能學會用積極的心態從正面看問題，就會爲自己定下的目標而不停地進取。

在工作和生活之中，我們要徹底捨棄消極的思想，用積極主動的心態去生活，去工作，去認識和把握困境，去適應環境的變化。積極進取，努力創造條件，尋找機遇，一步步走向成功。

越微不足道的事情，越不要敷衍的做

客戶認為的產品品質只有百分之二十取決於產品，百分之八十取決於客戶在購買過程中所受到的待遇或服務。

過去幾年，國內某家知名諮詢公司展開了市場戰略的利潤率（PIM）的研究，調查研究了多家國內企業的銷售和利潤率，他們發現，「客戶對產品和服務品質的認定」幾乎是每家公司提高利潤率的關鍵因素。

企業的客戶服務品質每提高百分之一，銷售額可增加百分之一；服務人員每怠慢一名顧客，會影響四十名潛在的顧客。在激烈的市場競爭中，客戶服務已取代產品價格成爲競爭的新焦點。公司員工對客戶越友善、效率越高，客戶的忠誠度就越高。最好的公司總是有回頭客或客戶推薦來的客戶上門，因爲他們的員工服務能力出奇的好。

爲了獲得超級客戶服務的美譽，專家們向職場人推薦一套策略，可以幫助你增強你的服務能力。這套方法包括：達到客戶期望、超越客戶期望、使客戶開心、令客戶驚喜。

一、達到客戶期望

服務能力的第一個層次就是達到客戶的期望，要做到這一點，你需要認真思考這樣一個問題：客戶對我的工作有哪些期望？如果有必要，你可以問問你的客戶，他會感到很受重視。《聖經．馬太福音》中耶穌所說：「無論何事，別人希望你怎樣對待他，你就怎樣對待他。」如果你能每次都達到他們的期望，你就能留住不少客戶。

二、超越客戶期望

滿足客戶的期望能夠幫助你維持生意，但是想發展壯大，超越競爭對手，達到客戶期望是遠遠不夠的。服務能力的第二個層次是超越客戶的期望。如果客戶來了，希望你給他一杯水，那麼你就泡一杯香茶給他。

有一次，公司需要做一套平面廣告，我找了三家廣告公司來設計樣張。提交樣張的時間到了，第一家公司給我發來了一個樣張，做得很一般，我連考慮都沒考慮就直接否定了；第二家公司給我發來了三個樣張，做得尚可，值得考慮；第三家公司打了個電話，客戶經理拿著設計好的三個樣張來拜訪我，並把設計理念詳細地跟我講述了一遍，他們做的和第二家公司的水平差不多，不過客戶經理的服務讓我對這家公司充滿信心。結果很明顯，我選擇了第三家公司。

你看到了，要想拿下客戶，你必須做得比客戶期望的還要多。可能第二家廣告公司已經做得不錯了，達到了我的期望，但是第三家廣告公司超越了我的期望。

三、使客戶開心

服務能力的第三個層次是使客戶開心。你得動用你的想像力，做一些讓客戶特別高興的事，這是讓你超越同行的關鍵。

從小事來說，可以是高級經理撥打一個售後服務電話給新客戶，也可以是給客戶打電話詢問改進建議；稍微大一點，可以向剛下訂單的客戶贈送鮮花或水果，還可以是贈送由公司許多員工簽名的感謝卡；當然，如果經費容許，更可以邀請客戶吃便飯或舉辦答謝晚宴。

無論哪種方式，都可以給客戶留下美好的印象，極大地提高他們成為回頭客的可能性。

四、令客戶驚喜

服務能力的最高境界就是令客戶驚喜，你得做一些非常棒的事情。這樣做的結果是，你的客戶會到處宣傳他的經歷，讓他的朋友也成為你的客戶。不斷思考如何能帶給你的客戶驚喜，或許這會改變公司的整個性質。

幾年前，聯邦快遞公司播放廣告「只要必要，絕對會在一夜之間到達」期間，美國科羅拉多的一場暴風雪堵住了丹佛和西部的滑雪勝地之間的山谷通道。聯邦快遞的一位郵遞員被暴風雪堵住了道路，無法完成任務，於是他沒有請示上級，就包了一架直升機飛過群山，將聯邦快遞的郵包送達其主要客戶。

為了找到最佳路線，他提前查明哪裡可以降落直升機運送包裹。各大報紙報導了這個故事，並傳遍了世界。聯邦快遞只用了幾千美金僱用直升機，卻贏得了幾百萬美元的公眾效應，以超出想像的服務令客戶驚喜。

如果你能夠想著「愛客戶」，那麼你的服務會自動地提高檔次。如果你真正愛客戶就像愛你生命中最重要的人一樣，你會怎麼做？你會怎樣改變你的產品或服務品質的水準？你會如何改變你的客戶服務策略？如果你真正熱愛你的客戶，想使他們高興，比其他任何人都更好地滿足他們，那麼你首先會做什麼來證明這一點？

養成思考的好習慣，你會在各個方面越來越好，甚至引領公司前進。你會贏得公司內外所有人的尊重、忠誠和尊敬。

Point 2

積極、盡責、態度

英雄不怕出身低，只怕狗眼看人低

對自己沒有信心，對工作沒有熱情，

整天抱怨加上不切實際的好高騖遠，

小心！就連賤狗都看不起你。

站在客戶的角度思考

站在別人的角度思考，就是換位思考。只有替客戶著想，客戶才會為你買單。

喬．吉拉德是世界上最成功的銷售員，到今天，他的汽車銷售紀錄仍然沒人可以打破。可是剛入行的那一段日子裡，喬．吉拉德並非一帆風順，他在後來的傳記裡記載了這樣一次失敗的銷售：

在我開始推銷汽車沒多久的一天，我向一位客戶銷售汽車，交易過程進行得十分順利。當客戶正要掏錢付款時，我的同事跟我談起了昨天的籃球賽，我一邊跟同伴津津有味地說笑，一邊順理成章地伸手去接車款，不料客戶卻突然掉頭而走，連車也不買了。

我苦思冥想了一天，不明白客戶爲什麼對已經挑選好的汽車突然放棄了。

夜裡十一點，我終於忍不住給客戶打了一個電話，詢問客戶突然改變主意的理由。客戶不高興地在電話中告訴我：「今天下午付款時，我跟您談到了我的小兒子，他剛考上密西根大學，是我們家的驕傲，可是您一點也沒有聽見，只顧跟您的同伴談籃球賽。」

我明白了，這次生意失敗的根本原因，是自己沒有認真傾聽客戶談論自己最得意的兒子，也就是我根本沒有在替客戶著想。

站在別人的角度思考，就是換位思考。喬．吉拉德的這次失敗經歷，就是因爲他沒有做到換位思考。而商業社會的永恆法則是——只有替客戶著想，客戶才會爲你買單。

對外在的客戶要時刻學會換位思考，在公司裡呢？在公司裡，老闆是我們的「首要客戶」，因爲老闆付給我們薪水，我們應該站在老闆的角度思考。只有這樣，我們才能真正懂得如何做人與做事，幫助我們戰勝困難，走向成功。

世界上最美的風景，不是企業取得輝煌成就時的宏圖，而是公司面臨困境時，老闆和員工相互「換位思考」、共渡難關的情景，因爲這其中表現了人性最善良的一面。

我認識一位在南部做傢俱生意的老闆，他在創業之初，公司曾一度面臨破產。當時，他借錢來給員工發工資，因爲他想到了員工來公司上班是養家餬口，拿不到工資，生活就會陷入困境。員工得知這個消息的時候，非常感動。

又過了一個月，情況並沒有好轉，老闆痛心地召集來所有的員工，對他們說：「對不起，公司的資金出現了周轉困難，現在如果有人想辭職，我會立刻批准，但要在平時，我會挽留，如今我已經沒有理由挽留大家了。我會發給大家最後一個月的薪水，在你們找到新的工作之前，這些錢可能還夠用。」

「老闆，我不走，我不能在這個時候離開。」一個員工說。

「老闆，我們一定會戰勝困難的。」另一名員工說。

「是的，我們不會走的。」很多員工都這樣說。

沒有一個員工離開公司，老闆感動得痛哭流涕。這些員工心裡明白，這個時候如果走了，這個公司就徹底完蛋，老闆還會因爲借錢發工資而欠下不小的債務，而自己再堅持一下，或許還能看到轉機。

事實上，他們真的迎來了轉機。老闆帶領著員工們動用了自己所有的力量，業務一天比一天好起來，終於扭虧爲盈，讓公司走出了困境。這就是換位思考帶來的奇蹟。

做人與做事的學問，就在於將心比心換位思考的過程。當老闆在替員工考慮，工作會不會做得不開心、是否需要生活上的幫助等問題時，捫心自問，真正替老闆這個首要客戶考慮的員工又有多少呢？如果老闆和員工能夠一起相互換位思考，企業的凝聚力和競爭力將會空前強大，受益的不僅僅是老闆，更是企業裡的每一個人。

不幸的是，我們看到很多有才華的年輕人，進到企業裡，缺乏一種換位思考的能力，絲毫不在意自己的言行，對上級主管甚至是老闆，持一種不尊重的態度，最終被公司辭職。造成這種現象的原因，是他們錯誤地認爲，那些「當官的」每天喝茶、聊天、看報紙，佔據著好的位子不幹活，把繁重的工作壓到自己身上，由此形成了對立的情緒。

事實上，換個角度來想，你就會明白主管工作的重要所在。假如我是主管，就必須時刻考慮，爲了協調部門內部的工作需要做些什麼？爲了協調部門間的工作又需要做些什麼？爲了解決下屬遇到的問題需要採取什麼措施？還要預測工作中會出現的問題等。

站在主管的角度思考，你會驚訝地發現，自己的工作相對輕鬆得多，想成為一位出色的經理人，你還有漫長的路要走。學會站在主管的角度思考，為主管們多思考一些，當你有這樣的覺悟時，在待人接物上就不會出現問題，做事情更有上進心。主管和同事會稱讚你：「看，這個年輕人，真的特別懂事！」

經常地換位思考，機會的天平就會向你傾斜。何樂而不為呢？

積極進取才能有成就

人的內心總有一種潛在的渴望，渴望完美的人生，渴望事業的成功，渴望浪漫的愛情，渴望自己想要的東西……當這種美妙的渴望產生時，就會隨之產生一種無法估量的神奇力量，也就是人們所說的成功的慾望。

有了這種成功的慾望，就會充分地調整自己的積極性，發揮自己的所有能力，不知不覺中就會激發出自己潛意識的力量，那麼這個時候，你再去面對以前所面對的難題或者困境時，就會覺得那只不過是人生的一個小測試，如此簡單，不堪一擊。

這是一種潛藏在你內心的巨大力量，是一種積極進取的精神。我們要學會激發自己的這種精神，並把這種習慣貫徹到每一天，貫徹到每一個行動中來。我們要不斷用新的目標來刺激自己的進取心，讓自己每天都有足夠的信心和前進的動力。我們可以把大目標化作小目標，一步步地去實施，這樣我們每完成一個小目標，就可以看到自己有所成就。這就可以從潛意識裡來激發我們的進取心，讓我們有足夠的信心堅持下來，一步一腳印的取得更大的成就。

作爲一個想要有所成就的人，不管從事什麼工作，都不應該氣餒，都要頑強地生存下去。並且要有堅強的心理素質，不管面對任何的困境，或者處於任何不利的環境，都要保持自己那顆上進的心。

曾經獲得美國新聞界最高獎勵——普利茲獎的記者伍德沃德是一個積極主動爲自己創造機會的人，也是一個不安分、不達目的誓不罷休的人。

當他剛剛開始自己的職業生涯時，就一心想進入《華盛頓郵報》做一名記者。當時，主管編輯部工作的喻利實在看不出這個小伙子有什麼過人之處，就讓副手安迪去應付他。安迪對伍德沃德說：「喻利說可以給你一個機會，不過，只有兩個星期的時間。這兩個星期是沒有報酬的。」

兩個星期很快就過去了。伍德沃德雖然幹得很賣力，但採訪編寫的十七篇稿子一篇也沒見報。這天，還是在安迪的辦公室裡，伍德沃德聽到了他最不願意聽到的話：「小伙子，你很聰明，也很勤奮，但缺乏作為優秀記者的素養，而且這種素養你是很難具備的……」伍德沃德後來回憶說，他當時的感覺，如同被重重地踢了一腳。

無奈的伍德沃德只得在華盛頓附近的蒙特哥莫瑞找了一份工作。但他不甘心自己的命運被這兩個星期的試用扼殺。沒多久，他開始頻頻給喻利打電話，希望再給他一次機會。一次，正在渡假的喻利又接到伍德沃德的電話，他不堪忍受伍德沃德的糾纏，禁不住大發脾氣。倒是他的妻子冷靜地說：「你難道不認為這正是一個好記者必須具備的素質嗎？」應該說，喻利是明智的，他聽了妻子的話，讓伍德沃德回到了《華盛頓郵報》。

一九七二年六月，當人們茶餘飯後笑談「五個戴手套的男人闖入民主黨全國委員會總部」時，伍德沃德從中嗅到了不尋常的氣味。於是，他和同事伯恩斯坦透過蛛絲馬跡，窮追不捨，終於揭開了一個驚天黑幕——「水門事件」的真相。

「水門事件」讓尼克森提前結束了總統生涯，讓《華盛頓郵報》獲得了美國新聞界的最高獎——普利茲獎，也讓伍德沃德躋身世界知名記者的行列。

有人說是「水門事件」成就了伍德沃德的聲望和地位，然而請不要忘記，如果不是伍德沃德自己積極主動要求進入《華盛頓郵報》，如果不是他在遭受拒絕後仍不灰心，積極聯繫主編以取得其信任，那麼，水門事件所成就的將會是另外一個甚至數個伍德沃德。不是機遇偏愛伍德沃德，而是他一路不曾停歇，積極地趕到了人生的十字路口，於是當歷史性事件發生的時候，能夠迅速地抓住機遇。

人生下來就是注定要跟困難打交道的，我們每走一步都會遇到困難，時時面臨錯綜複雜的困難，處處感受到困難的威脅。我們經常聽到許多人在困難和挫折面前，總是抱怨命運不好或者不公平。然而再大的困境能比被剝奪了聽的權利、說的權利以及感受世界上所有美的權利更殘忍的嗎？處於困境之中，有些人屈服了，灰心了，放棄了，於是在困難中銷聲匿跡，成爲了生活的犧牲品；但更多的人選擇了積極、樂觀和拚搏，把困難當做上帝賜給他的禮物，在困境中走出了一條灑滿汗水淚水甚至鮮血的路，他們是生活的強者。

你要想有所成就，就必須有一個明確的目標。一旦當你定出了明確的目標，就是你開始運用你個人進取心的時候了。開始執行你的計劃，組織你所有能用的力量。儘管你會發現執行計劃的過程中，你的目標會發生一些變化，但你同時也會不斷調整自己的目標，不斷升級，在行動中與目標一同成長。

困境並不可怕，可怕的是一顆害怕困難的心。如果你能夠勇往直前，以巨大的勇氣去面對一切迎面而來的挫折，你才是一個成熟的人，才是一個值得擁有成功的人。積極主動一些吧！這樣你才能夠有源源不斷的動力，才能不斷地進步、不斷積極進取，才能獲得別人難以達到的成就，才能到達別人難以企及的高度！

服務別人並不卑微

只有能夠自覺服務的人，才是真正具有服務意識的人。

前面提到無論在什麼崗位，都有自己的客戶，都要爲客戶服務，那麼我們的工作便可以統稱爲「服務」了，由此，我們也可以被稱爲「服務人」。

當然，我們也可以被叫做「服務人員」，不過很多職業者可能不太喜歡這個稱謂。但是我認爲企業白領和普通服務人員在客戶服務的角度上來看，其實是一樣的，只是內容不同罷了。

前面說到「服務」和「服務人員」，想想平時，我們是不是更願意選擇那些服務好的餐廳用餐呢？很多人會發出這樣的感慨：「那個餐廳的服務人員很熱情，服務很好，用餐很舒服。」他們的言外之意是「我們下次還要去那家餐廳吃飯」，或是「我推薦你也去那家餐廳享受一下吧」。

餐廳服務人員對我們的啓示是什麼？我覺得啓發就是——如果你在職場中的客戶對你的服務也很滿意，他們也會樂意持續購買你的服務，也就是說，你就會因爲你的服務很有價值，而繼續留在公司，甚至是得到提升，去承擔更重要的服務工作。

我的建議，對於不甘於「混日子」的職業者來說，請堅信一個理念——「服務第一。」

服務第一，這絕不僅僅是一個口號，一句空話，而必須時刻牢記在心，並且落實到行動中去，我們要不斷提升自己的服務能力。

你要不斷增強自己的服務意識。你的服務意識有多少，就會得到多少回報。如果你一點服務意識都沒有，或是一點也不肯付出，工作散漫，以自我爲中心，甚至驕傲自大，那麼企業怎麼會把這樣一個毫無服務意識的員工留在企業裡呢？服務意識應該牢牢扎根於自己的內心深處，尤其是已經成爲團隊的管理者，作爲團隊的核心，服務意識更是不可缺少的。

當然，如果你是企業中層級最低的員工，那麼你來往最多的，一定是可以直接打交道的客戶，對於這部分員工來講，當然更應該提高對顧客服務的意識。

你必須注意，服務中無小事。無論在麥當勞還是在肯德基，當顧客在收銀台前排隊，如果某一個櫃檯的人較少，而另一個櫃檯的人較多，人少的櫃檯收銀員一般會主動招呼顧客，到自己這邊排隊，從而減少顧客等待的時間。

在其他一些大型量販店，尤其在假日結帳的高峰期，你可以看到一些穿溜冰鞋的年輕員工，在各個收銀台前溜來溜去，如果發現某個櫃檯的人較多，就會邀請顧客到其他人較少的櫃檯去，如果需要，還要幫顧客拎包包、抱抱小孩之類。服務力在這些小事中得到了充分表現。

暢銷書作家約翰・米勒曾在他的書中講過這樣一個故事，有一位名叫麥可的人和他的幾名好友計劃到阿第倫達山度週末，可是就在離出發日只剩下兩天，麥可還在芝加哥出差的時候，他突然想起自己還沒有靴子。

於是，他馬上從旅館房間撥了專賣野外活動用品的賓氏公司的免費電話。電話接通後，麥可向服務人員表達了自己想訂購一雙很久以前就看好的靴子。

這位名叫克莉絲蒂的服務人員笑著說：「先生，我們的靴子多到連我都說不完，我們先來看看能不能縮小範圍。」她親切柔和的話語，以及完全站在顧客角度想問題的態度，讓麥可感到放鬆和舒服。

透過電話交談，麥可告訴了克莉絲蒂自己要去登山的計劃，據此他們一步步縮小對那雙鞋子的搜索範圍，最終將目標鎖定在三種靴子上。可是，克莉絲蒂卻告訴她，因爲時間受限，他可能在登山前不能收到靴子，而且她很難推斷出到底哪種靴子才是麥克想要的。

這時克莉絲蒂突然對他說，他們可以用隔夜送達的方式將三雙靴子一併寄給他，等他週一登山回來後再爲他選中的靴子付費，麥克當時就被她的話震驚得張大了嘴巴。

試想，一個能夠提供如此周到服務的企業，怎麼可能沒有強大的競爭力？

你還應當對服務有一個正確的理解。服務並不是要你卑躬屈膝，更不是服侍他人，而是與客戶平等交流、接觸，向客戶傳遞愉悅和價值，以實現與客戶共贏的效果。

服務者在此時此刻服務客戶，然而自己也有可能成爲別人的客戶，因此只要你熱情服務，使你的服務超越客戶的期望，那麼你將獲得的也會是同樣或者更優質的服務。

為別人服務並不是一件卑微的事情，其實每個人的價值都是在透過為他人服務的過程中表現出來的，不過是「服務」的外在形式不一樣罷了。

在產品差別不大的今天，如果你想成為行業裡服務或是銷售能力出色的人，那麼你最好增強服務能力，成為一個稱職的「服務者」。

作為職業人，服務別人不可悲，沒有服務力才是最可悲的。

找到客戶並提供服務

作為公司的員工，必須清楚地知道客戶是誰，你的客戶不僅是公司的外部客戶，也是你的老闆、同事、下屬。弄不清楚客戶是誰的人往往走向失敗。

想必大部分企業員工都很清楚誰是自己的外部客戶，但如果能同時正確處理與公司內部客戶——老闆、同事和下屬的關係並意識到這些客戶對你所從事工作的重要性。那麼，我敢斷言，你會是一名合格的員工。

現實中，我們經常在一起發牢騷，老闆是如何苛刻老愛扣員工工資的，上司是如何尖酸刻薄的，爲什麼今年過節公司就這麼一點表示？憑什麼佔用個人的下班時間？

這裡，我並不是要替老闆辯駁什麼。只是要提醒大家，在你對公司抱怨的同時，千萬不要忘記，老闆是你的首要客戶，即使這個客戶對你提出各種難題，只要他的要求是對公司有利的，對整個團隊是有利的，我們就應該盡量去理解他。想想老闆的理由和苦衷，並且有責任去維護他的利益。

從某種程度上來說，老闆也是你的客戶。我們需要對客戶做的就是，讓客戶滿意，對老闆也是如此，把老闆當客戶，盡量去滿足其合理的要求。客戶有刁鑽的要求，老闆有各式各樣的要求，我們要不要滿足老闆，能不能滿足他？如果我們弄清楚企業爲什麼要滿足客戶，就知道我們也應該讓老闆滿意了，讓老闆滿意，也是我們員工敬業精神的一種表現。

把老闆當成客戶，就會自動自發地去完成公司派給的任務，在工作中就不會出現敷衍了事的情況，就會用老闆的精神看待肩上的責任。

同時要明白的是，同事也是你的客戶之一。

茉莉在公關公司工作，她理所當然地覺得「客戶服務」就是要做到讓客戶滿意。所以每當客戶提出什麼要求，她都滿口應承下來，完全不顧慮執行部的同事是否能承受得了。

有時候客戶提出的要求很過分，明明是能力所不能及的，她也會不加思索地答應下來，她認爲讓公司的外部客戶滿意就是作爲一個公關職員的全部。如果同事們沒有按時完成，她還會去質問同事：「你們爲什麼沒有做好？」

那時候，公司裡的很多人對她意見很大，而她自己也很苦悶，在與客戶、公司總監溝通的過程中，總監的話提醒了她：「一味地滿足客戶並不一定就是對公司好，因爲辦任何事情都要基於一個客觀的基礎，不能單純用主觀來想像。讓客戶滿意不錯，但是要知道，你和同事是一種合作的關係，要把你的同事也當成客戶一樣對待，不但要令客戶滿意，也要讓同事滿意！」

這樣你就會在意識裡強調同事的重要性，注重與同事的溝通與合作。「人心齊，泰山移」，與同事保持良好的合作關係，在一種很融洽的環境中處理工作，相信會事半功倍，從而更好地服務於公司的外部客戶，創造更多的利潤。

我曾經聽一位失敗的銷售經理這樣訴苦，他說自己很辛苦，每天要跟客戶談判，受到來自客戶的壓力，回到公司，覺得下屬的業務員工作不夠努力，不免對著他們發脾氣。儘管他個人很盡心，但銷售業績仍然上不去，他覺得很困惑。

我對他說：「你的業績上不去，不是你自己不努力，而是你沒搞清楚究竟有誰是你的客戶，你忽略了『業務員也是我的客戶』。」

作爲業務經理，同時你還要尋找並錄用最優秀的業務人員，聆聽業務員的需求，幫助他們面對挑戰，掃清銷售的障礙，鼓勵團隊成員，最終實現盈利。

你看，業務經理有這麼多工作是跟業務員在打交道，所以要本著「客戶就是上帝」的原則去對待你的業務員。

對他們真心真誠，關心、理解他們，只有處理好跟這些客戶的關係，他們才能更好地爲公司的外部客戶服務。

在企業，從普通員工到總經理，雖然職位有高低、分工有差異，但是在人格上大家都是平等的，每個崗位對企業的發展都同等重要。

同時只有每一個業務人員都能完成目標任務、創造較好的業績，整個部門、整個區域才能完成目標，才能創造良好的業績。

「經理」僅僅是個稱謂，只有你尊重、關心下屬這個「客戶」群，才能得到下屬表裡如一的尊重，「經理」這個稱謂的價值才會提高，才會在工作中產生更大的影響力。

上述這位經理，雖然自己工作很努力，但他忽略了業務員也是客戶，所以付出的汗水沒有得到應有的收穫。

「有的放矢」，在做具體的工作之前，明確誰是客戶，然後去操作，才能收到預期效果。而連自己的客戶是誰都不清楚的人，不管努力與否，往往都是走向失敗。

不放過眼前的每個機會

機會女神不會永遠在我們的房子前面敲門，很多時候，她只會拜訪有準備的人。

想要成功的你就必須在生活中時刻注意可能出現在你面前的每一個機會，牢牢地抓住它，那麼你就把成功抓在了手裡。

我想你大概聽說過這個故事：

有一位名叫米曼的女士發現，她穿的長筒絲襪老是往下掉。她曾經在逛公園或是去公司上班的時候，絲襪掉了下來，這種經歷令她非常尷尬，就算是偷偷地將絲襪拉上來也是不雅。這時她想到，其他的婦女也一定會遇到這種困擾，於是她靈機一動，抓住了這個機會。

她開了一家襪子店，專門出售不易滑落的襪子等用品。襪子店並不大，每位顧客平均可以在一分半鐘內完成現金交易。就是因為米曼抓住了這個小小的細節，她的店目前分佈在美、英、法三國的襪子店多達一百二十家。她從一個小職員變成了一個擁有自己成功事業的人。

生活中碰到襪子下滑的女士何止千萬，但能夠因此而觸發靈感要開一家襪子店，解決這個小小的尷尬問題的人卻寥寥無幾，而米曼正是這少數人中的一個，她抓住了這個機會，取得了成功。

可見，做生活中的有心人，抓住每一絲靈感，抓住每一個機會，將會使你受益無窮。看看茱迪的故事，你會更相信這一點的。

一九八〇年七月，茱迪失業了，她是兩個十多歲女孩的母親，她離了婚，沒有了固定的收入，真不知道如何過活。再加上她中學還未畢業，又沒有一技之長，再找到一份好工作的機會看來非常渺茫。

茱迪選擇投身地產業，但不幸的是，她選在了地產業最不景氣的一段時間入行。結果，她失敗了。但她沒有氣餒，她決定去夏威夷碰碰運氣。於是旅費籌足了之後，她帶著兩個女兒返回到她們的出生之地——夏威夷。

回到夏威夷，因爲要擁有一件既要有夏威夷寬裙那麼舒服，款式又要適合參加非夏威夷式的聚會衣裳，她四處找尋。但發現這種夏威夷寬裙只有一個尺碼，並且花樣看起來很相似，沒有什麼特別的、與眾不同的設計。加上它們都是用夏威夷的印花布縫製而成，對於用來參加夏威夷其他色彩不濃的社交場合，就一點也不適宜了。

茱迪靈機一動，決定動手設計與眾不同的裙子。她買了一塊帶「美國本土」色彩的花布，然後就著手爲自己縫製一條有花邊的寬裙。她把這條裙裁製得寬鬆合身，既舒服，又不會失去設計和線條美。她穿上這條裙子出席各種社交場合，結果證明，這種裙子非常引人注目。

房東的妻子非常喜歡這條寬裙，於是就請茱迪爲她縫製一條。

茱迪說：「當然可以，不過我要先替你量尺寸。」

女房東非常驚異：「量身縫製的寬裙？一條爲我量身而做的夏威夷寬裙？」

茱迪回答說：「當然了，我擅長爲人縫製量身訂做的夏威夷寬裙，袖子是依你手臂的長度而縫的，而肩膀的寬鬆也會按你的身形而做。」

毋庸置疑，這在縫製夏威夷寬裙上是一大突破。聰明的茱迪沒有錯過這個機會，她開始考慮自己製作這種裙子出售。當她開始有這個想法的時候，她並沒有急於去做，而是問了自己四個問題，以檢驗自己的想法會不會獲得成功。

第一個問題是：它是否實用，能否滿足人們一項重要的需要？茱迪知道夏威夷寬裙是極其實用的，因爲任何大小尺碼的女士都可以穿。就算過胖的人穿上這種裙子，她們的身材也會被掩飾得天衣無縫。毫無疑問，夏威夷寬裙相當有市場。

第二個問題是：它可以做得更美觀嗎？茱迪想，當然可以！這種寬裙可以做得比現在更時髦，它們也可以有美國本土那些禮服那麼多款式，只要在這裡多加一塊，那裡修窄一點，加層花邊……

第三個問題是：它可以做成有別於其他樣式的嗎？茱迪認爲，只要她不用夏威夷的印花布，而改用美國本土的布料，這種寬裙就可以用來參加非夏威夷式的派對了。

第四個問題是：它是否比市面上所出售的裙子更好，可以獲得優質標誌？她的答案當然再明顯不過了。這些夏威夷寬裙不但實用、美觀、與眾不同，而且比市面上所出售的，無論在手工和款式上都更爲物超所值。

於是茱迪就以一條裙賣到一百美元以上的自信開業了。茱迪一個月就能生產一百二十三件寬裙，她的辦公室從家裡搬到一間一百七十平方尺的大屋。她的裁剪和縫製都在家裡工作，大大節省了營業開支。

下一步呢？茱迪還將做什麼？

「我剛接到一個訂單，就是爲檀香山一所中學的兩百名畢業女生縫製寬裙。每年畢業日，高中女生都會穿著夏威夷寬裙參加畢業典禮，年復一年。她們都是在夏威夷一家的老字號定做衣裳。但是今年，她們因爲覺得我所做的既時髦，又有個人的特色，於是就把訂單轉給了我的公司。」

「下一步，我就要把這些寬裙向美國本土推銷，他們對這種寬裙還沒有認識，只因那些設計和布料都不太適合罷了。但我已經知道怎樣做才行得通，而且我也知道怎樣著手，我一定會向美國推銷我的作品。到時它們就不會是夏威夷寬裙，而是『茱迪裙』了！」

我們再回到當初茱迪想靠寬裙創業時，她的朋友們是怎麼想的。不出意料，他們都取笑她：「你要向夏威夷人推銷夏威夷寬裙，不如去阿拉斯加向愛斯基摩人推銷白雪好了。難道你看不見那些數以千計掛在成衣店、商場和遊客購物地區的夏威夷寬裙？難道你不知道現在正百業不振嗎？」

但是茱迪不爲所動，她在問過自己四個問題之後便下決心要將這次機會抓在手中，她實踐了自己的想法，獲得了成功。

所以，當靈感和機會第一次出現的時候，它可能看起來會像是天方夜譚，而你需要的只是跨出第一步的勇氣。抓住它，你就抓住了成功。

現在，我向你介紹一套方法，你可以更有效地抓住機會：

一、列個單子，想想工作、生活中，有哪些是你的客戶、朋友、家人和你自己所遭遇的困難，把它們寫下來。

二、針對其中一個或兩個困難，仔細思考，寫出二十個可以解決的方法。

寫三至五個的時候你會非常輕鬆，但是越往後對你來說越痛苦。而恰恰是第二十個你想出的方法，是具有創造性和價值的。

三、從這二十個方法中，選擇一個或兩個你認為切實可行的，然後制訂計劃，立即執行。

這三個簡單的步驟也同樣適用於解決工作、生活中的其他難題，希望你可以靈活運用。

具有「可僱用性」的秘訣

把服務做到最優，甚至超出了顧客的期望，為公司創造了良好的聲譽，以吸引更多的客人。

多年來，我見過許多人爲自己的工作憂心忡忡，擔心自己成爲裁員的目標。他們不知道在未來的幾個月內，是否能保住自己的工作。

我總是告訴他們，停止此類的憂慮，一般來講，他們聽得進我的建議。當然，這樣說好像是出於事不關己的冷漠，可能讓他們吃不消。但事實上，我只是盡力讓他們把注意力轉移到自己的工作能力上。

如今的高中或大學畢業生，職業生涯中難免都要有若干次失業的經歷。但只要一個人具有「可僱用性」，失業就一定是暫時的。「可僱用性」是指具備任何僱主都會欣賞和需要的一套技能，不論是在何種行業，處於什麼地理位置。

那麼是什麼技能使人具有「可僱用性」呢?能夠增強「可僱用性」的技能有很多，但我相信，其中最爲重要的一條是：「不靠增加支出，爲客戶、同事、老闆創造價値的能力。」

一次，我接到一個朋友的電話，說他明天要來開會，需要我馬上幫他預訂一個豪華套房。

因爲當時正値旅遊旺季，所以我很擔心不能預訂到房間。果不其然，我找了好幾家飯店，都無功而返。最後，我只好抱著僥倖的心理又到了另外一家知名的飯店。

客服中心的服務生在電腦上查完房間後對我說：「先生，十分抱歉，我們明天的房間全部預訂出去了，現在暫時沒有剩餘的房間。」

看到我十分著急，服務生馬上說：「先生，要訂到明天的房間還是有希望的，因爲有些顧客可能會半途退房。這樣吧，您把您的聯繫方式給我們留下，如果有房間，我們隨時通知您，您看怎麼樣。」我只得留下聯繫方式，希望碰碰運氣。

到了晚上，我認為已經沒有希望了，正準備把情況通知給朋友。一個陌生電話打過來，我一接才知道是我留下電話號碼的那家飯店服務生打來的。

原來他們已經有一個豪華套房可以預訂了。考慮到時間已經很晚了，我要交訂金很不方便，在徵得經理的同意後，服務生又告知我不必現在交訂金，明天憑我的電話號碼就可以來住了。

我不得不承認，這家飯店給我提供了超出我期望的服務。他們的努力也沒有白費，自那以後，凡是遇到需要安排住宿的情況，我都會找那家飯店。

運用你的想像力，為客戶多做一點，你就能做到不多花成本，為你的工作和企業創造價值，為你自己創造奇蹟。

馬克很喜歡喝咖啡，幾乎每天早上都要喝一杯，然後開始忙碌一天的工作。有天早上，在他開車去機場的路上，順道開到了咖啡店，要了一大杯熱騰騰的咖啡。回到汽車裡，開上通往機場的公路時，馬克意識到出了麻煩。那天開的車是朋友的，沒有自動換擋，這也就意味著，他需要用一隻手換擋，而另一隻手當然得握著方向盤。馬克只好暫時把咖啡放在控制盤中間，但咖啡仍有濺出來的危險。

突然之間，馬克的右腿，從膝蓋到臀部一片濕熱，都被咖啡染成了黑色。更糟糕的是，當時他穿的是一條淺色褲子。來到機場，馬克採取了些應急措施，用刷子盡量擦去污漬，還用廁所的乾手機烘乾，但仍能一眼看出留下的痕跡。

一住進機場的飯店，馬克立即給飯店清潔部打電話。「我回程要穿的唯一一條牛仔褲被咖啡弄髒了，」他對清潔部的主管說，「有沒有可能當晚就幫我把它洗好呢？」

清潔部主管的聲音聽起來充滿了理解和同情。她告訴馬克說，不但飯店裡沒有客人專用的洗衣房，而且負責清洗床單的員工當天也不在。但她接著說，她願意幫忙，把馬克的褲子帶回家清洗，第二天一早再給他送來。

第二天早晨，這位讓人驚歎的女士把一條乾乾淨淨，熨燙平整的牛仔褲送到了馬克的門口。

馬克當時留下了她的名字，第二天就給飯店的人事部門打電話，他們表示會根據情況給這位女士加薪。這位女士用行動表明了她的「可僱用性」，這樣的員工肯定會受到老闆的讚賞。

一個員工具備了基本的素質，加上對工作的熱忱和孜孜不倦的努力，在具體的工作中注意方式和技巧，就具有了「可僱用性」。相信只要你是千里馬，伯樂就肯定會出現！

透過服務，最大化你的生命價值

有人說，一天有三分之一的時間是在床上度過的，所以擁有一張舒適的床，比什麼都重要。可是在我看來，人生最重要的時間，是那差不多佔每天二分之一的工作時間。

試想想，我們每天早上起來，梳洗完畢，吃過早點從家裡出來，我們就踏上了去公司的路。在公司從早忙到晚，至少要待上八個小時，有的時候還要加班。下班之後，和家人相處團聚或是花在興趣嗜好上的時間也少的可憐。總的說來，我們每天爲工作所花費的時間——工作的時間、上下班路上的時間、下班後思考工作的時間，一般至少要十個小時，幾乎佔到我們每個人一天的二分之一，甚至更多。況且，這十個小時是我們一天中精力最充沛、頭腦最靈活的一個時段，剩餘的十四個小時除了吃飯睡覺，可以用來支配做其他事情的時間所剩無幾，還常常效率低下。

由此可見，工作已經成爲我們生活中比重最大的一件事。我們和家人相處團聚的時間，還不及每天和同事們打交道的時間；我們對興趣嗜好所花費的時間，也難以和案頭上的工作相提並論。

既然如此，我們如何看待工作，就在很大程度上決定了我們如何看待自己的生命；工作中創造出來的價值，也就是生命價值的表現。你在工作中表現出來的魅力，也就直接決定了你的生命魅力。這不會因爲行業或職位的不同而發生改變。

由此，聰明人就會想到，要想使自己生命的價值最大化，那麼就要讓自己的價值首先在工作中最大化起來，而這個目標，不僅要依靠高超的技術，更要依靠自身的精神魅力，依靠自己的服務意識和服務能力，讓自己更有價值、更有魅力。

法國郵政特快專遞公司有個小伙子叫蒙托奧，他的工作很簡單，和全世界幾十萬名快遞員一樣，去客戶那裡接收文件或包裹，並把它們送到目的地。很多人對這樣的工作不屑一顧，這有什麼，不就是花費體力的工作嗎，能創造什麼價值？然而蒙托奧的經歷卻給了有這樣想法的人一個回擊。

無論颳風下雨，蒙托奧每天都會騎著他的摩托車穿梭於馬賽的街頭，當他接到客戶電話說需要接收快遞的時候，他會用最快的速度到達客戶那裡，敲門，問好，得到對方的容許，簽好單據，取上包裹，和客戶熱情地揮手道別，騎上自己的摩托車，馬不停蹄地又到另一家客戶那裡。時間久了，蒙托奧所負責地區的客戶們送給他「摩托車上的信使」的稱號。

蒙托奧不光能高效率的完成客戶給予的遞送任務，更令人稱奇的是，他幾乎成爲了所有客戶的「貼心人」。

一次，蒙托奧去一家服裝製作公司的老闆——亨利先生那裡取快遞，亨利先生簽完單據便和他閒聊了兩句。蒙托奧突然想起了熱莫諾斯（馬賽的一個地區名字）有一家新開的服裝市場，於是便和這位老闆說：「亨利先生，我在熱莫諾斯看到了一家新開的服裝市場，不知道您有沒有已經在那裡拓展業務？」亨利先生顯然還不知道這個消息，於是他很驚喜地問了蒙托奧關於新開的服裝市場的具體細節，蒙托奧耐心地回答了他。

蒙托奧離開前，這位老闆一再向他表示感謝，因爲蒙托奧提供的消息對他拓展業務非常有幫助。從此，蒙托奧成爲了這家公司的指定快遞員，上上下下都對他非常尊重和喜歡。

幾年裡，這樣的經歷在蒙托奧身上屢見不鮮，他經常在接送客戶包裹的時候，把自己所知道的一些訊息和客戶分享：當蒙托奧看到新的商舖在招租，就會把這樣的訊息轉告給有需求的客戶；蒙托奧發現政府對某一條大街進行改造，也會告訴給經常要走這條大街的客戶，提醒他們送貨時選擇走別的線路；蒙托奧還會跟客戶們分享路上見到的一些小趣聞，讓客戶在繁忙之餘開懷一笑。

總之，蒙托奧走到哪裡，都會受到客戶的熱烈歡迎，客戶們寫信或打電話給法國郵政特快專遞公司表揚他。蒙托奧休息不上班的時候，客戶們甚至會因爲別的快遞員來服務而感到很不舒服。

在蒙托奧從事快遞工作的第三個年頭，他贏得了馬賽市最受歡迎的市民的榮譽，並得到了市長的接見，這不僅對他是莫大的殊榮，對於所在的快遞公司也是一種榮譽。你很難想像，一個很平凡的快遞員居然得到社會如此巨大的肯定，這就是工作價值的最大化，也是生命價值的最大化。

反過來，我們想想，蒙托奧和一般的快遞員有什麼不同之處呢？首先，蒙托奧出色地完成了自己的工作，達到甚至超出了客戶的期望。幾年來，無論天氣多麼惡劣，他都會在第一時間出現在客戶的面前，因爲他知道客戶最看重的就是時間，所以他不遺餘力地用最快的速度完成客戶的囑托。由此可見，蒙托奧是位非常優秀的員工，他對工作的極度認真和敬業，並且充滿熱情。

但是優秀對於卓越的人來說，只是個開始。蒙托奧在接送快遞的時候，會把各式各樣的有用訊息帶給客戶們，拉近了和客戶們之間的距離。

雖然並沒有一個客戶會要求蒙托奧這樣做，但是，蒙托奧卻透過細心觀察，使自己成爲了客戶們的「訊息站」和「貼心人」，走到哪裡，都能得到客戶的信賴和喜愛。這就是卓越的服務力，是充滿智慧頭腦的服務家品質。

無論你從事何種職業，來自何處，只要具有卓越的服務能力，你都可以在平凡的崗位上成就卓越。如果你覺得自己從事的工作可能毫無價值，就想想蒙托奧吧，他有什麼，一個快遞包，一身制服，一輛小摩托車，就只有這些，難道不是嗎？你在物質條件上比他擁有的更多，可是在精神層面上，你擁有他那份卓越的服務家精神嗎？

當我們在抱怨環境多麼惡劣的時候，在痛恨競爭所帶來的壓力的時候，為什麼不把時間、精力和智慧放在如何提高自己的服務力上呢？當我們成為了卓越的職業人，能夠最大化地實現我們的生命價值的時候，我們還會害怕環境和競爭嗎？顯然不會。因為服務將給予你勇往直前的勇氣和卓越的資本。

服務中沒有小事

我們在工作中，都必須堅持服務無小事的原則，只有這樣，企業才可以順利地運營。

世界上第一位提出全面營銷觀念的學者菲利普．科特勒曾經講過一個有趣的故事，並以此勸誡他的學生們。

在新大洲服裝商場有兩名服裝商場諮詢員漢娜和露西，她們一起在服裝商場一樓的大廳工作，每天前來服裝商場購物的許多客戶都要來這個諮詢台詢問各種事情，客戶們期望從諮詢台能夠得到自己需要的各種訊息以便選擇、購買服裝。

然而，漢娜在客戶們來到諮詢台詢問的過程中總會出現各種讓客戶們不滿的事情，據說有一名顧客正在詢問童裝位置的時候，她卻正在和露西談天，那位客戶一直向她詢問了三次，她才不耐煩地說：「去問那邊的收銀台。」還有一次，一位客戶向她諮詢這家商場的幾個服裝品牌專櫃的事情，她卻跟家裡的人在講電話。

後來，在客戶的反映下，商場經理和漢娜進行了下面的對話。

「漢娜，你爲什麼在工作的時候不專心工作，爲什麼和同事聊天，又爲什麼在工作時間給家裡打電話？」

「經理，我覺得這沒什麼大不了的，我又不向顧客銷售服裝，我工作的好壞並不怎麼會影響商場的銷售業績。再說了，我那個職位是整個商場最微不足道的，我不覺得我這樣做有什麼關係。」

難道真如漢娜所說，她的職位微不足道就有理由不專心工作，不一心一意爲客戶服務了嗎？難道她的這些偶爾的小失誤真的就不會影響商場的銷售業績嗎？還有，服務中真的有小事嗎？

讓我們一起來探討這個問題吧，漢娜的職位雖小，但很重要，她的工作是客戶接觸這家服裝商場的第一線，她工作的好壞是顧客們對這家商場服務狀況的第一印象，這直接關係到顧客是否進入這家服裝商場選擇購物；其次，她的那些失誤並不是小失誤，工作時間與同事聊天、打電話給家裡在很多服務理念中是不應該的，這樣的服務從本質上來說就是不合格的服務，是令客戶不滿意的服務。那麼，如果說有人以自己的職位無足輕重、自己的工作中只是出現了小失誤爲自己沒有向客戶提供滿意的服務辯護，那麼，這些理由都是不成立的。

試想，我們周圍以這些理由爲藉口的人有多少，甚至我們自己是否也經常以這些理由作爲自己失職的藉口，不是嗎?我們時常在各種服務業場所見到那些冷落客戶而與同事、親朋好友聊天的，對客戶冷言冷語的甚至對客戶採取不禮貌言行的，工作時間貪小便宜給親朋好友打電話的服務人員，向客戶撒謊、偷工減料的業者、修理工等。

這些言行在那些不稱職的員工眼中只是一些小事，可是他們所做的這些事情卻在嚴重地損害著客戶、企業乃至整個社會的利益。試想，一件件這樣的小事，它們嚴重地損害了客戶的尊嚴、知情權、人身和訊息安全，當然，這對任何一個提供服務的企業來說更像一場場夢魘，一個個災難，這樣不負責任地對客戶的損害就是在扼殺員工們賴以生存的企業，這樣的一件件小事就是企業形象上的污點，如果這些小事造成了客戶的損失，企業所面臨的將是失去客戶、倒閉、受到法律制裁的危機。那麼，我們這些危石之下的生存者終將面臨滅絕的危機。

因此，作為員工，我們已經明瞭自己與企業、客戶結成了一個整體，我們只應該選擇共存共榮的道路，而不應該作繭自縛。

任何企業都是由一個個員工經過完美設計而良好運行的機器，這台機器的運行有賴於所有員工的認真工作，它容不得發生在任何一個員工中的小失誤，一個小小的失誤足以危及這台機器的生死存亡。而客戶則是這台機器良好運行的目標和動力，只有每一位員工在其工作中堅持對客戶負責、向客戶提供真正人性化的服務，這台機器才能實現其目標，並獲得源源不竭的動力。

吼～哪來的野狗啦？

Point 3

辦事要猛、賺錢要狠、但做人不能比賤狗還要賤

幹盡壞事可別指望老闆這麼說：

「你這狼心賤狗肺的大壞蛋！公司就是需要你這種人材，下禮拜給你升職加薪放長假！」

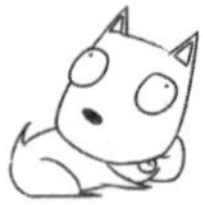

一個人的力量很渺小

今天的社會，沒有任何一項事業只透過自己一個人的力量就可以完成。

舉辦一場兩個小時、稍微有點規模的活動，需要音響、燈光、舞台、組織、主持、設計等幾十個人，還需要兩個月的籌備時間才能成形；產品到達消費者手中，同樣需要設計、生產、檢測、包裝、物流、銷售等多個環節一起協作完成。一句話，我們離不開別人，別人也離不開我們，這是一個相互依賴的時代。

正因爲如此，團隊合作才成爲這個時代的主流，如果不善於與他人協作，不僅會被同事遺忘，被公司拋棄，也會被社會大環境遺棄。對於員工和老闆來講，每個人的出發點和特長都難免存在差異，但是我們都必須學會「求同」，建立合作的基礎，讓大家的力量集合到一起，才能創造出奇蹟。

三個和尚在一座破寺院裡相遇。

有人問：「這座寺院爲什麼荒廢了？」

「必是和尚不虔，所以菩薩不靈。」甲和尚說。

「必是和尚不勤，所以廟產不修。」乙和尚說。

「必是和尚不敬，所以香客不多。」丙和尚說。

三人爭執不休，最後決定留下來各盡其能，看看誰能最後獲得成功。

於是，甲和尚禮佛唸經，乙和尚整理廟務，丙和尚化緣講經。果然香火漸盛，原來的寺院恢復了往日的壯觀。

「都是因爲我禮佛唸經，所以菩薩顯靈。」甲和尚說。

「都是因爲我勤加管理，所以寺務周全。」乙和尚說。

「都是因爲我勸世奔走，所以香客眾多。」丙和尚說。

三人爭執不休、不務正事，漸漸地，寺院裡的盛況又逐漸消失了。就在各奔東西的那一天，他們總算得出一致的結論，這座寺院的荒廢，既非和尚不虔，也不是和尚不勤，更非和尚不敬，而是和尚不睦。

這裡的「不和睦」，其實就是指不互助、不合作。我們總在提「學習型」組織，這個概念來自西方，但是一直被我們誤解成爲一個善於學習新事務的組織。事實上，「學習型」組織的正確意思是，盡快適應每個同事的不同個性，讓自己融入到團隊當中。

佛教創始人釋迦牟尼曾問他的弟子：「一滴水怎樣才能不乾涸？」弟子們面面相覷，無法回答。釋迦牟尼說：「把它放到大海裡去。」一個人再完美，也是一滴水；一個優秀的團隊，就是大海。優秀的個人要放在完美的團隊中，才能展示其優秀的才華，一個優秀的職業人，只有得到團隊的認可，才是有價值的人。

如果只強調個人的力量，你表現得再完美，也很難創造很高的價值。軍隊不能夠僅靠指揮官衝鋒陷陣來獲取勝利，對企業來說，它需要的不是單槍匹馬的老闆，而是能夠以大局爲重，懂得與他人合作的員工。有些人精力旺盛，認爲沒有自己做不到的事。事實上，精力再充沛，個人的能力還是有一個限度的，超過這個限度，就力所不能及了。那些具有合作精神的人，往往比「凡事自己來」的人更受歡迎。

有一次，美國寶潔公司招聘管理人員，九名優秀應聘者經過初試，從上千人中脫穎而出，進入了由公司老總親自把關的複試。

老總看過這九個人詳細的資料和初試成績後，相當滿意。但此次招聘只能錄取三個人。老總給大家出了最後一道題。

老總把這九個人隨機分成甲、乙、丙三組，指定甲組的三個人去調查本市嬰兒用品市場；乙組的三個人去調查婦女用品市場；丙組的三個人去調查老年人用品市場。

老總解釋說：「我們錄取的人是用來開發市場的，所以，你們必須對市場有敏銳的觀察力。讓大家調查這些行業，是想看看大家對一個新行業的適應能力。每個小組的成員務必全力以赴。」臨走的時候，老總補充道：「為避免大家盲目開展調查，我已經叫秘書準備了一份相關行業的資料，走的時候自己到秘書那裡去取。」

兩天後，九個人都把自己的市場分析報告送到了老總那裡。老總看完後，站起身來，走向丙組的三個人，分別與之一一握手，並祝賀道：「恭喜三位，你們已經被本公司錄取了。」

老總看見大家疑惑的表情，呵呵一笑，說：「請大家打開我叫秘書給你們的資料，互相看看。」

原來，每個人得到的資料都不一樣，甲組的三個人得到的分別是本市嬰兒用品市場過去、現在和將來的分析，其他兩組也類似。

老總說：「丙組的三個人很聰明，互相借用了對方的資料，補充了自己的分析報告。而甲、乙兩組的六個人卻分別行事，拋開隊友，自己做自己的。我出這樣一個題目，其實最主要的目的，是想看看大家的團隊合作意識。甲、乙兩組失敗的原因在於，他們沒有合作，忽視了隊友的存在。要知道，團隊合作精神才是現代企業成功的保障。」

一個企業就是一個團隊，團隊成員之間的個性與能力互補，才能使團隊成員彌補自身的不足，在工作中得到提高。合作不但可以保持訊息的溝通順暢，提高訊息的交流質量，而且還可以使人際關係變得和諧，產生感情的共鳴。現實中，團隊和諧的人際關係往往會對團隊的凝聚力起到極大的推動作用，更容易發揮每個人的優勢！不要忽視合作的力量，它會助你在工作生涯中的一臂之力，這種合作精神，也正是你成爲優秀職業人的不可或缺的服務能力。

一個人只要能夠和其他人友好的合作，那麼他的事業就會更加得心應手。單打獨鬥也許一時能夠逞能，但是只有學會與別人合作，才能長久屹立於不敗之地。

為公司賺錢就是為自己賺錢

你不能替公司賺錢，老闆雇你幹什麼呢？

《聖經．馬太福音》中有這樣一個故事：

一個人要去往外國，他把僕人們叫來並將他的財產交給他們。按照各人的才幹，給他們銀幣，一個給了五千，一個給了兩千，一個給了一千。領五千的那個僕人隨即拿去做買賣另賺了五千；那領兩千的也照樣另賺了兩千；但那領一千的卻掘開了地把主人的銀幣埋藏了進去。

過了許久，主人回來了，和他們算帳。

那領五千銀幣的又帶著另外的五千銀幣說：「主人啊，你交給我五千銀幣，請看，我又賺了五千。」主人說：「好，你這又善良又忠心的僕人，你在做事上有忠心，我要把許多事派給你管理，可以進來享受做主人的快樂。」

那領兩千的也說：「主人啊，你交給我兩千銀幣，請看，我又賺了兩千。」主人說：「好，你這又善良又忠心的僕人，你在做事上有忠心，我要把許多事派給你管理，可以進來享受做主人的快樂。」

那領一千的則說：「主人啊，我知道你的心事，沒有種的地方要收割，沒有散的地方要聚斂。我就害怕，所以把你的一千銀幣埋藏在地裡。請看，你的銀子原原本本的在這裡。」主人回答說：「你這又笨又懶的僕人，你既知道我沒有種的地方要收割，沒有散的地方要聚斂，就當把我的銀幣放給兌換銀錢的人，到我回來的時候，也可以連本帶利收回。來人啊，奪過他這一千來，然後把這無用的僕人丟到外面去。」

你會不會認爲第三個僕人有些冤枉呢？他看起來也很忠誠啊，盡職盡責地爲老闆看管著財產。可是，從古老的中世紀到現在，作爲老闆，需要的不僅僅是你幫他守著財寶，更需要你創造出新的財富。

你認爲自己很忠誠，也很賣力地工作。可是何以見得呢？怎麼才能讓老闆看到你是個有才能的忠誠員工呢？

麥克是一家食品公司的銷售代表，對自己的銷售紀錄引以爲豪。曾有幾次，他向他的老闆解釋說，他是如何地賣力工作，勸說一位零售商向公司訂貨，可是，他的老闆只是點點頭，淡淡地表示贊同。

最後，麥克鼓起勇氣，「我們的業務是銷售食品，不是嗎？」他問道，「難道你不喜歡我的客戶？」

他的老闆直視著他說：「麥克，你把精力放在一個小小的零售商身上，可是他耗費了我們太大的精力，請把注意力盯在一次可訂上萬件貨物的大客戶身上。」

麥克明白了老闆的意思，老闆要的是爲公司賺大錢。於是他把手中較小的客戶交給一位經紀人，自己努力去找主要客戶——爲公司帶來巨大利潤的客戶。他做到了，爲公司賺回了比原來多幾十倍的利潤。

你當然不會像第三個僕人那樣笨，但你會不會犯麥克那樣的錯誤呢？忙忙碌碌只是過程，老闆需要看到的是結果。如果你能始終把公司的經濟效益放在心上，相信你就能夠積極思考，不斷克服困難，爲公司創造財富。

市場經濟的鮮明特點就是以經濟利益爲依附的優勝劣汰機制。爲了在這個機制中勝出，大到國家、企業，小到個人，都需要拚命創造出盡可能多的財富。有了財富，才有企業的發展壯大，才有個人的安居樂業。

公司僱用你，最直接的目的就是希望你爲公司創造收益，你不能替公司賺錢，老闆僱你幹什麼呢？公司爲你提供舞台，你的個人收入是你爲公司創造收益的副產品，你爲公司賺得越多，你的收入也會水漲船高。你是否熱情、是否勤奮、是否進取、是否充滿使命感……最終的表現在於你能否創造財富。獲取財富雖然不是我們工作的唯一目的和收益，但卻是衡量我們工作成績的重要量化工具。一個好員工必然是能爲公司創造財富的員工。

皮之不存，毛將焉附？公司的利益如果不能得到保障，那麼你的個人利益就成了無源之水。盡自己最大的力量為企業創造更多財富，這是每一個員工的使命。企業這個大的團隊得到了好的發展，作為其中一員的你也就獲得了更多的利益。

降低成本，節約每一分錢

就從身邊最小的事做起。

節約成本是一句很寬泛的話，說起來可以很容易，但是真正要做起來就需要每個員工的細心和耐心。創收的功勞常被稱讚，而節支的貢獻有時候卻不爲人知。在這個時候，應恪守「勿以惡小而爲之，勿以善小而不爲」的準則，牢記天道酬勤，你的任何功勞都不會被企業忽略的。

在企業經營過程中無處不涉及資源的消耗和費用的支出，作爲企業的一名普通員工想爲企業節約開支其實很容易。只要每個員工從小事做起，從節約一張紙做起，集腋成裘，長久下來，因節約成本而增加的利潤是驚人的。

工作過程中關注身邊那些不起眼的小事，比如隨手關燈，隨時關掉不用的電器，隨手關上水龍頭，隨手關掉電腦、影印機、空調、飲水機……舉手之勞，卻可以表現一個人的文明素質和公德意識，擁有這些文明素質和公德意識的企業是具有發展前途的。

卡爾是一家中型公司新上任的部門經理。作爲專門爲公司各部門服務的後勤部門，卡爾自然沒有業績指標的壓力。但是，他並不這樣想。他發現公司的對外宣傳手冊，多年的慣例是分春、秋兩次印製，每次的數量都不大。

宣傳手冊內容的調整基本都發生在年底。卡爾根據以往的工作經驗知道，如果兩次印製併爲一次，單本宣傳手冊的成本會有大幅降低。而且，公司的資料室的空間並未客滿難以負荷，基本不會增加儲存成本。於是卡爾果斷地在春季印製了全年的宣傳手冊，僅此一項，爲公司節約了數千美元。

卡爾還要求本部門的所有員工都增強成本意識。員工們都被卡爾的精神所激勵起來，努力尋找進一步控制不必要開支的途徑。

一年下來成效顯著，爲公司節約了數十萬美元的成本。當年度，公司的營業收入比起上一年度並無增長，但利潤卻增長了百分之二十，而這百分之二十的利潤增長，基本是沒有業績壓力卡爾的部門貢獻的。老闆非常高興，卡爾被提升爲公司副總，部門的所有員工都多拿了獎金。

「節省每一張紙」的口號看似簡單，實則蘊涵深刻的內容，它是企業增加利潤的起點。不能小看一隻蝴蝶拍動翅膀這個微小動作，它甚至能引起巨大的自然災害。因此，從簡單的節省每張紙做起，你的行爲或許能爲公司扭虧爲盈，當然，你也可能從中得到回報。在企業發展過程中，成本的發生無處不在，用心觀察，你的舉手之勞改變的將不僅僅是企業的利潤。

「九層之台，起於累土」，每個員工都應該樹立「節約資源，人人有責」的觀念，養成處處注意節約、事事考慮勤儉的好習慣，從自己做起，從身邊的每一件小事做起，讓節約成爲一種自覺行爲，從而避免不必要的損失和浪費。

水滴能穿石，不要小看每天節省的微乎其微的成本，日積月累，最終計算出來的結果是你難以估計的。節約成本能爲企業帶來高效益，只有真正樹立起節約意識，從身邊小事做起，從一舉一動做起，關注企業經營中的細節，才能尋找優化途徑。

再龐大的企業也是由每台機器、每堆材料加上每名員工組成的，如果每名員工都能愛護機器、節約材料，那麼企業必然能走得遠；反之，資本再雄厚的企業也經不起長期資源的浪費消耗。因此，我們每個人在日常生活和工作中，要時刻注意節約，努力節約每一分錢，為企業發展貢獻一份力量！

站在老闆的角度思考問題

雖然僱用與被僱用是一種契約關係，但是並非對立，而是合作雙贏。

大衛剛進入一家公司的時候，他的上司很器重他，把他派到了非洲做開發市場的一位經理。爲了不辜負上司的信任，他毫無怨言地離開美國，去了那塊陌生而又不發達的土地。

在非洲，大衛努力克服水土不服、生活不適應等問題，盡力展開工作。他發現一個人遠離了公司是多麼的勢單力薄，但他卻必須去開拓一片空白的市場！他所忍受的是比孤寂更強烈的工作壓力，他不僅要代表公司去談業務，還要親自去碼頭取貨、送貨，可是他完全沒有一句怨言，把這一切當做了總公司對他的鍛鍊。

然而，在非洲這塊土地上，無論他怎樣辛勤的工作，都沒有獲得在美國時

候一半的成績，兩年多來，他成了同事中進步最小的、業績最差的一個，上司對他的表現非常不滿，對他的工作支持度也少了許多熱情。

辛勤努力，換來的並不是上司的賞識，而這種賞識對大衛能否在非洲堅持下去至關重要，這使他在一段時間裡感到了一種悲涼的心境，覺得前途暗淡。

然而，他最終堅持了下來。他並沒有去埋怨上司，而且與上司保持著溝通，並盡力站在上司的角度來看待自己的委屈。自己工作確實非常努力，可是上司遠在異鄉看不到，他看到的只會是業績，所以不要責怪他不理解自己。自己需要做的是繼續堅持下去，直到上司看到自己的努力。

終於，市場有了重大的轉機。經過大衛的不懈努力，非洲市場已經成爲公司很大的一塊利潤來源。

國際人力資源管理顧問安東尼博士，有一次在上人力資源管理課時候說：「企業家是世界上最苦、最累、最孤獨、最不容易的人。當你將一件事看成是事業的時候，就算有千萬種困難，你都必須去解決；就算有再多的苦，你都得堅持下去；就算和你一起戰鬥的戰友一個個捨你而去，只要你一息尚存，就必須熬下去。」

很多時候，我們可以因爲一個陌生人一點點的幫助而感激不盡，但我們卻總是無視朝夕相處的老闆的種種恩惠。大家總是將工作關係理解爲純粹的商業交換關係，認爲相互對立是理所當然的。其實，雖然僱用與被僱用是一種契約關係，但是並非對立。從利益關係的角度看，是合作雙贏；從情感關係角度，可以是一份情誼。不要認爲老闆就是剝削你的人，你可曾看到他們的責任和壓力？遇到委屈的時候，試著站在他們的角度去想想。

在工作中，不要總是抱怨老闆，問一問你自己，你爲企業到底付出了多少？你到底努力了幾分？你的付出是否大於收穫？如果你是老闆，會爲自己的表現打多少分？會不會給自己提供更廣闊的空間？

站在企業的角度思考問題，你才能成爲企業需要的優秀人才。同時，你也會因爲視角的不同，爲日後的成就奠定堅實的基礎。

小王從經濟管理系本科畢業時，有四個工作機會可以選擇，他卻決定當一家化妝品公司的經理助理。交接那天，前任助理告訴他：「在這裡簡直就是浪費時間！」因爲助理的任務就是收發公文、做會議記錄、安排經理的行程，簡單地說就是打雜。同樣的工作，在不同人的眼中，卻有天壤之別。

小王卻認爲，每天接觸公司的決策文件，可以看出經理批公文的思路。一場場會議記錄讓他見識到企業如何經營、決策如何產生。他說：「再沒意思的工作，如果用老闆的眼光來看待，就能看出價值所在。」

當年那個「逃走」的助理不知際遇如何，但小王已經成爲一家年盈利千萬的公司老總。

小王的成功偶然嗎？其實並不偶然，因為小王懂得用老闆的眼光看待工作，發現價值，自然會有好運氣降臨在他的身上。

和老闆分享你的想法

多跟老闆溝通，絕對是有好處的。

唐駿是中國身價最高的經理人。唐駿有個很顯著的優點，就是喜歡和老闆分享自己的想法。

多年前，唐駿被分派到Windows NT開發組當了一名程式設計師，和微軟上萬名工程師一樣，年薪數萬美元。喜歡玩點小創意的唐駿，將這個良好習慣帶進了微軟。當時的微軟，正在全球推廣Windows操作系統，各國語言不同，許多程式碼都需要在英文版基礎上重新改寫，微軟爲此組建了三百多人的開發團隊。即便如此，其中文版的產品依然要在英文版上市之後大半年才能上市。

進入微軟幾個月的唐駿，覺得可以透過重新設計軟體架構提高編寫效率，於是主動找到自己的老闆溝通這件事。一開始老闆還是堅持按照原來的組織框架走，但是經過唐駿反覆說服他，最終打動了老闆的心，同意唐駿試一試，但是不能影響正常的工作。

得到老闆的同意後，唐駿利用業餘時間在家裡重新設計軟體架構，編寫了幾萬行代碼，自己檢驗成功之後，拿到了老闆面前。三個月後，唐駿的方案被微軟總部接納，三百人的翻譯團隊壓縮成數十人，唐本人也在進入微軟一年之後快速陞遷爲「開發經理」，薪酬也隨之水漲船高。

唐駿後來總結這段歷史時，說：「雖然只是工程師，但你還是要爲老闆著想，發現了問題，多和老闆溝通，和老闆分享你的想法。當然，你也要先調查，帶著解決的方案去找老闆。」

在現實生活中，能夠準確、完整地表達自己的想法才能獲得別人的好感和信賴。我們從小學到中學，又從中學進入大學，生命中的很大一部分時間都是在學校度過的。可是你回憶一下，做了這麼多年學生的你，是否瞭解老師的心思呢？是否知道最令老師失望的學生是什麼樣的呢？

也許你覺得是成績不好、調皮搗蛋的學生最令老師感到失望，我也一直這麼認爲。但事實卻非完全如此。前一陣子，從一位高中老師那裡得到了令我驚訝的答案。老師對學生最感到失望的莫過於當他問「你的看法如何」時，得到的是沉默或者「跟剛才的人說的一樣」。你應該學會表達自己的看法。即便是與別人意見相同，也應該用自己的語言把它表述出來。

作爲員工，也同樣如此。如果你不能或者不願將自己的想法表達出來，那麼你就很難與老闆進行友好的交流，而一個不能清晰表達自己的思想、不善於陳述自己想法的員工也很難得到老闆的欣賞和信賴。老闆需要的是充滿活力和熱情的員工。你若沉默不語，通常會被理解爲漠不關心。

人與人之間需要溝通，其重要程度往往超出你的想像。對於你的企業，你的工作，你可能會有各式各樣的意見和建議。你不應該只是發牢騷或者想想而已，你的這些意見和建議需要讓老闆知道。多和老闆分析你的想法，會讓你工作得更開心。只是，你需要注意，跟老闆的意見交流同樣需要技巧。

員工小張總是受到年輕的部門經理的斥責。爲了緩和這種不協調的上下級關係，一次週末，小張邀請經理與自己共進晚餐。美酒佳餚下肚以後，小張開始掏出肺腑之言：「你對我經常動輒就加以指責，使我常處於羞愧與憤怒之中，心情很不愉快。老實說，你的指責有點過分了，我的過失並沒有你說的那樣嚴重。我的確有點懷恨在心，想找個機會報復你。可是後來冷靜一想，你對我的種種指責，畢竟說明了我確有不妥的地方，正是指責讓我看到了自己身上的缺陷和不足。我們相處這麼多年，你的確使我進步了許多。所以，現在我覺得，我不僅不應該忌恨你，還應當感謝與你相處而帶來的種種好處呢。」

這番看似自我檢討的話，事實上是對上司的巧妙提醒。後來不僅上下級之間的關係得到緩和，而且兩人還成爲了可以信賴的朋友。

和老闆分享你的想法確實是需要一點技巧的。你需要充分考慮談話的內容和表述方式，經過自己的深思熟慮，懂得如何巧妙地提出。這關係到你是否能得到提拔，是否會被委以重任，是否能最終取得一個更好的發展際遇。

老闆要辦的事很多，但人的精力總是有限的。而且，智者千慮，必有一失。如果員工能站在他的角度上，提出合理化建議，讓工作進展得更好，他心裡當然會感激員工。

如果你是一個不善於陳述自己想法的人，那麼你從今天起就一定要盡心盡力地學習掌握這種能力，因為這是你獲取老闆信賴必不可少的條件之一。千萬不要任意輕視這種能力。在與老闆相處時，若能恰到好處地陳述自己的想法，那麼老闆在瞭解你內心想法的同時，還會更加瞭解你、欣賞你、信賴你。

自律，在行為上自我約束

從點點滴滴的小事上最能看出一個人的素質和覺悟。

素質和覺悟從哪裡來呢？我們在上一章已經說過，它首先來自於自我管理。一個人能不能做到自我管理，關鍵是自我控制能力的強弱。

自我管理，就是靠自己的意志嚴格要求自己，對自己進行管理。自我管理並不是刻意地去約束自己的自由，而是用自律的行動爲自己換來更多的自由。因此，自制力是自我管理的充分表現。自制力是指一個人在意志行動中善於控制自己的情緒，約束自己的言行。自制力對人走向成功起著十分重要的作用。自古代百科全書式科學家亞里士多德，到近代的哲學家們都注意到，美好的人生建立在自我控制的基礎上。

在芝加哥一家大百貨公司裡發生了這樣一件事，這家百貨公司受理顧客提出抱怨的櫃檯前，許多女士排著長長的隊伍，爭著向櫃檯後的那位年輕女孩訴說她們所遭遇的困難，以及這家公司不對的地方。在這些投訴的婦女中，有的十分憤怒且蠻橫不講理，有的甚至講出很難聽的話。櫃檯後的這位年輕小姐一一接待這些憤怒而不滿的婦女，絲毫未表現出任何憎惡。她臉上始終帶著微笑，指導這些婦女們前往相應的部門，她的態度優雅而鎮靜，拿破崙・希爾對她的自制修養非常驚訝。

可是更令人驚訝的是，站在她背後的是另一位年輕女孩，她總在一些紙條上寫下一些字，然後把紙條交給站在前面的那位女孩。這些紙條很簡要地記下婦女們抱怨的內容，但省略了這些婦女原有的尖酸而憤怒的語氣。

原來，站在櫃檯後面，面帶微笑聆聽顧客抱怨的這位年輕女孩是聾子。她的助手透過紙條把所有必要的事實告訴她。

拿破崙・希爾站在那兒觀看那排成長隊的婦女，發現櫃檯後面那位年輕女孩臉上親切的微笑，對這些憤怒的婦女們產生了良好的影響。她們來到她面前時，個個像是咆哮怒吼的野狼，但當她們離開時，個個像溫馴柔和的綿羊。事實上，她們之中的某些人離開時，臉上甚至露出羞怯的神情，因爲這位年輕女孩的「自制」已使她們對自己的作爲感到慚愧。

拿破崙．希爾對這種安排十分感興趣，於是便去訪問這家百貨公司的經理。他告訴拿破崙．希爾，之所以挑選一名耳聾的女孩擔任公司中最艱難而又最重要的一項工作，主要是因爲他一直找不到其他具有足夠自制力的人來擔任這項工作。

要想有所成就，就要學會自我管理且要有堅強的意志，能夠自我控制；要能接受自己，擁有健全的自尊心；要信任自己，不斷地強化和肯定自我價值；要有創造性地表現自我，而不是把自我隱藏或遮掩起來，必須有與現實相適應的自我，以便在一個現實的世界中有效地發揮作用。

在當今社會，優秀的企業都要求員工學會自我管理。當你意識到自我管理的重要性並在工作中加以實現時，你會發現，你的工作能力因此得到了一定的提高。無論做什麼事，都會有條理可循，做事穩重不留後患，在同事與上司眼中，你就是一個嚴格要求自己的優秀員工，是一個可以讓人放心和領事的人。那麼自然地，你的上司會放心地把重要的工作交由你去完成；你的同事會喜歡與你共同工作，並會主動與你交往。你的能力在上司交代的任務中得到了鍛鍊與提高，為你贏得了晉陞與加薪的機會；你的人際網絡在同事與你的工作過程中得到了擴大，這將為你帶來許多意想不到的成功機遇。

節約才能創造高效益

現在是一個微利的時代，每一項費用的節約，都無疑是為企業增加了利潤。

在現在的社會中，利潤一直是支持企業發展的最大動力，也是企業追求的最終目標，一直以來，如何獲取利潤是備受關注的話題。對於企業來說，利潤就是賴以生存的生命線，企業的每一項舉措都是爲了增加利潤，企業的存在就是爲了盈利。

作爲企業的員工要想在企業中生存下去，就要努力爲企業創造價值、創造利潤，這樣才能有更好的發展空間，也會得到更多的晉陞機會和發展空間。爲企業創造利潤，除了正常工作之外，更多的則是在於節約成本。如果有良好的節約意識，無疑也就能爲企業帶來更大的利潤。

強尼是紐約地區一家鍋爐廠的採購員。由於企業準備進一步地擴大規模並提高產品質量，以增強市場競爭力，董事會研究決定從俄亥俄州引進一批優良鋼材。公司決定派強尼去和俄亥俄州方面聯繫並採購這批鋼材。

強尼的同事都很羨慕他能有這次機會，因為這次公司採購的金額很大，只要在財務上略施小計，肯定能撈不少的好處。但強尼對於同事們的「好心」勸說，只是一笑置之。

到了俄亥俄州之後，強尼並沒有直接去找供貨商聯繫，而是先到鋼材市場做了一些深入的調查，其間他遇到了幾個同行。大家在一起交流之後，強尼發現自己所要採購的這批鋼材的市場價格比供貨商開出的價格要低五個百分點。於是強尼更加深入地對市場作了進一步的分析，很快得到了供貨商的價格底線。

強尼並沒有隱瞞這個事實，立即將自己所掌握的訊息向公司作了簡報。在接到公司要求強尼全權負責的通知之後，他開始找供貨商進行談判。由於已經對市場做了調查，強尼並沒有被供貨商的花言巧語所迷惑，而是堅持自己的價格。在最後簽訂合約的時候，供貨方對強尼說了一句話：「作爲一個公司的採購員，您真了不起。如果有機會的話，我們願意聘請您作爲我們公司的財務部經理。」

這件事傳開以後，基於強尼對公司所作出的貢獻及對工作認真負責的態度，他很快受到了公司的重用，被任命爲財務部副經理，他以後在職場上發展得也很順利。

如果上述案例中的當事人僅僅是以不拿回扣的消極行爲來完成任務，那麼他給企業帶來的效益是微不足道的，他也不會在日後獲得賞識和重用。「在其位，謀其職」是每名員工應該恪守的原則。作爲採購人員，以權謀私是件很容易的事情，從中拿回扣似乎是「合理的」、「正常的」。應該怎麼選擇，這就要看每個人的價值取向是短暫的意外之財還是長久的能力認可。因此，聰明人是不會被一時的小財小利蒙蔽雙眼，從長計議才是明智之舉。日久見人心，總有一天，你的所作所爲會得到認可和回報。

怎麼才能在微利的時代創造高利，才是關係企業生存的根本問題。企業要想更好地發展，更快地適應這個社會，不被社會所淘汰，控制生產的成本才是更有效的手段，還是兩個字：節約！所不同的是，這次是成本的節約。

追求利潤是企業管理永恆的課題，也是每位員工都要有企業主人的心態，關注並且努力去實現的目標。這就需要每位員工都能從身邊的小事做起，以企業利益為重，節約每份資源，節約每項成本，從而達到提高效益，增加利潤的目的。

想方法解決困難

打破慣性思維，不必按理出牌，這就如同並不是只有一把鑰匙才能打開一把鎖的道理。

工作中困難肯定無處不在，解決困難的方法也肯定有，只要你有一雙善於發現問題、發現應對措施的眼睛。不要在落實工作的過程中一遇到困難就停滯不前，針對問題找出最佳對策才是上上策。方法總比困難多，動腦子找出最妙的方法去解決問題，不要停留於困難的表面止步不前。

在困難面前，有三種人：

第一種人，遭受了失敗的打擊從此一蹶不振，成爲被失敗一次性打垮的懦夫，是無勇亦無智者。

第二種人，遭受失敗的打擊，並不知反省自己、總結經驗，只憑一腔熱血勇往直前，這種人往往事倍功半，即便成功，亦常如曇花一現，是有勇而無智者。

第三種人，遭受失敗的打擊，能夠極快地審時度勢，調整自身，在時機與實力兼備的情況下再度出擊，捲土重來。這一種人堪稱智勇雙全，成功常常蒞臨在他們頭上。

波斯灣打響的時候，美日衝突激化，傑恩作爲日本凌志汽車在美國南加州的銷售代理，清楚地認識到，由於這場戰爭，美國人可能不再買凌志汽車。傑恩分析到，如果人們因爲戰爭和社會穩定問題，不來參觀凌志汽車的話，那他肯定會失去工作。於是，他放棄了一般銷售人員慣用的做法，繼續在報紙和廣播上做大量的廣告，等著人們來下訂單。他是個銷售能力很強的人，他分析了一下當時問題的關鍵，列出了若干條可以實現的辦法，最後確定了其中最妙的一個手段，作爲改變銷售形勢的策略。

在會議報告上，傑恩說道：「假設你開過一輛新車，然後再回到自己的老車裡，你會感覺到你的老車怎麼突然之間有了那麼多讓你不滿意的地方。或許之前你還可以繼續忍受老車的諸多缺點，但是忽然之間，你知道了還有更好的享受，你會不會決定去買輛更好的車呢？」

會後，傑恩立刻落實他所想到的那個新對策，他吩咐若干業務員工到戶外工作，讓他們各自開著一輛凌志新車，到富人常出沒的地方——鄉村俱樂部、碼頭、馬球場、比佛利山和韋斯特萊克的聚會等——然後邀請這些人坐到嶄新的凌志車裡兜風。這些富人享受完新車的美妙以後，再坐回到自己的舊車裡面，就會聽到他們的抱怨聲，於是相當多的人都購買或租了新凌志車，公司的生意日漸好轉起來。

傑恩的案例說明一個道理，克服困難的方法有很多種，但凡事都有解決的竅門，只要肯動腦子，對症下藥，就能找到捷徑、事半功倍，成爲像傑恩一樣傑出的銷售者。

工作中遇到的問題往往沒有現成的「鑰匙」可找，在緊急時刻，我們需要的不是墨守成規的鑰匙，而是靈機一動，使出粉碎障礙的「重拳」。

無論你做了多少準備，有一點是不容置疑的：當你進行新的嘗試時，你不可避免地可能犯錯誤。不管作家、運動員或是企業家，還是各式各樣的成功人士，在繼續追求更高理想的過程中都難免失敗。但失敗並非罪過，重要的是從中吸取教訓。

作為一個現代人，應時刻具有迎接失敗的心理準備。世界充滿了成功的機遇，也充滿了失敗的可能。只有不斷提高自身應付挫折與干擾的能力，調整自己，增強社會適應力，堅信成功在失敗之中，才能水來土掩，兵來將擋，勝券在握。若每次失敗之後都能有所「領悟」，把每一次失敗當做成功的前奏，那麼就能化消極為積極，變自卑為自信，失敗就能領你進入一個新境界。

Point 4

打落水賤狗也是要看時機，沒有理由的補尾刀，當心連狗還不如

等價交換是這個世界的不變法則，

害人容易，交友難，踩著同伴的屍體爬上顛峰，

就得付出相當的代價。

不要做團隊的短板

做「長板」，才能成為企業和社會都離不開的人。

如果一群孩子一起走，哪個孩子能夠決定整個隊伍的速度？

答案是走得最慢的那一個。

你是否就是你所在團隊裡「走得最慢」的那一個呢？在團隊合作中，最重要的是齊頭並進，千萬不要因為自己的落後而影響了整個團隊。

七〇年代，著名的美國學者埃爾特．赫希曼針對不平衡發展的問題提出了著名的「木桶原理」，這成爲世界經濟學史上的巨大成就。其核心思想就是，任何一個木桶都是由許多木板組成的，每塊木板都有可能長短不一，然而，這個桶實際所能裝載的水容量則完全取決於組成這個木桶的最短的木板的長度，在這個問題中，關注的對象不再是組成木桶的最長的木板或者組成這個木桶的平均長度，而是最短的那塊木板有多長。很快，聰明的人們就將這個成果應用在企業工作中，來評價一個企業及其僱員的整體素質和潛力。

在一個企業中，許許多多的員工和部門共同構成了企業這個「木桶」，而決定企業整體質量和潛力，乃至最終的發展前景的因素卻是這個企業中能力最低者或者能力不及的部門的水平，這實際上是因爲最差者或者能力最弱的部門剝奪了能力最強者和最優者的努力，其實質是人才和資源的巨大浪費，當然也不會爲企業帶來增長，不會爲員工們創造更多的福利。如果一個企業要尋求發展、追求卓越，就必須把關好員工的素質，無論是選擇員工、培訓員工還是回饋員工，都得秉持嚴格的標準。

有一次，美國救生圈公司的副總經理不得不開除一個很有希望的職員，因爲他不能接受別人的批評。這個職員是由有一個小學徒升上來的，他很有才幹，所以升得很快，一直升到該公司的工程預算部主任，負責公司內部各項工程的預算。

有一天，一名職員查出他在預算中算錯了兩千元，於是把詳情呈報給上司，後來經理也知道了這件事。

這位年輕主任聽後勃然大怒：「這個職員不該查我的核算，查出來也不該提出來。」

經理問他到底是不是算錯了，他說是的。

「然而你以爲職員還是不應該說出來，而應該使公司受損失以維護你的威嚴嗎？」那個人又說是的。經理就勸他，像他這樣做的話，是很難做出什麼大成績的。

時間過了很久，人們都快要忘記此事時，他在算一個工程時又出現了錯誤。當經理又批評他時，他又非常生氣，一點也沒有認錯的意思。後來那位經理實在沒辦法，就解雇了他。

「短板」的表現主要是企業的某一方面的職能不健全或有缺失，特別是那些對於企業的發展起著關鍵作用的管理能力、資金、技術、人才問題等因素，如果這些因素難以和其他的職能實現協調統一的發展，那麼就會使企業的整體運作能力降低，盈利能力降低。如果公司不開除這個不聽批評的主任，那麼他遲早會成爲影響公司發展的短板。

因此，一個組織、一個人不是憑藉某一方面的超群或突出就能立於不敗之地，而是要看整體的狀況和實力。一個人是否具有強的競爭力和穿透力，往往取決於他是否有薄弱環節，劣勢決定優勢，劣勢決定生存。如果你某一關鍵能力真的非常薄弱，那你就喪失了參與競爭的入場券，更不用說是與他人平分蛋糕了。

任何一個組織或許都有一個共同的特點，即構成組織的各個部分往往是優劣不齊的，但劣勢部分卻往往決定著整個組織的水平。問題是「最短的部分」是組織中一個有用的部分，你不能把它當成爛蘋果扔掉，否則你會一點水也裝不了！所以，對於短板，也不能簡單地一換了之，還要具體情況具體分析，爭取將有用的短板變長。而對於短板自身來說，也要透過主動學習，不斷進步來增強自己的實力，最起碼要達到團隊的平均水平，做到不拖後腿。

想要成功其實很簡單，不做「短板」，就不會面臨被淘汰的可能。

合作雙贏的橋樑——溝通

溝通是理解的基礎，只有表達自己想法的人，才能得到別人的認同。

語言在我們生活中是不可或缺的東西，是我們主要的交流方式。人們的生活離不開語言，同樣，在人們的工作中，語言也是最主要的溝通方式，是合作的基礎。人們透過了語言這種最直接的方式進行溝通與合作，社會才能夠快速地進步。

如果你是一個自閉的人，是一個不善表達的人，是一個不會與他人溝通的人，那麼即使你的心中有多麼好的想法和見解，也不能被別人所知，更不要說和別人合作了。當然就會失去很多好的機會，也會失去很多的發展前景。因此，我們要學會與他人進行交流，學會與他人進行溝通，這樣我們的思想和觀點才能夠被別人所瞭解和接受。我們要做一個能夠完美地表達自己思想的人，把自己心中那個埋藏已久的理想，努力用一種準確的語言，在適當的場合和時機向別人表達，與別人進行溝通，那會使別人對你感到驚訝和敬佩，進而構建合作的基礎。

溝通可謂是人生的一種藝術，在職場中，我們要學會與老闆溝通，這樣老闆才會對你比較信任。否則，就不會取得很好的發展。這是一個不僅需要做，更需要說的時代，如果能夠把握好與老闆溝通交流的方式與尺度，必然會爲自己的職業發展加分。職場的至理名言就是：「千萬不要忘記和老闆溝通，要牢記在心！」傑克的經歷就是最好的證明：

傑克從小就被父母教導，要埋頭苦幹不要誇誇其談，這招在學校挺靈驗。到了公司，傑克依然不怎麼跟人說話。他謹守父訓：「事業是做出來的，不是用口誇出來的。」部門會上討論案子，傑克也總是躲在角落，雖然他覺得那幾個口若懸河的傢伙說了許多廢話，提的建議也不怎麼高明，可是他也不願出風頭去與他們爭辯。部門經理特別喜歡那些善於發言的活躍分子，對於埋頭苦幹的傑克常常視而不見。時間長了，看到身邊的同事不是調漲薪資，就是被提升職位，傑克覺得很鬱悶，於是他嘗試著改變自己。

他努力和老闆進行溝通，把自己的新想法告訴上級，並且讓上級給他提出建議。一開始，上級並不重視，可是後來，發現傑克還是很有能力的人，於是慢慢採納他的建議。由於傑克的建議給公司創造了業績，上級越來越重視他，他也越來越願意主動和老闆分享他的想法，形成了良性循環。他現在非常開心。

傑克前後的巨大變化正說明了溝通的重要性。初入職場的年輕人覺得老闆或主管高高在上，遙不可及，對老闆具有敬畏之感，或是覺得只要有業績老闆就能看見、就會賞識自己。可是事實並非如此，肯主動與老闆溝通，把自己的優點或想法真實地展現在老闆面前，才能使老闆留下深刻印象，才能鋪好被老闆賞識和發掘的可能性。一直默默無聞，不會表達的人會被認爲是沒有思想沒有見解的人，自然沒有發展的機會。

溝通也是理解的基礎，只有及時表達自己想法的人，才能得到別人的認同，才能有人支持你的理想和計劃；多與老闆溝通，才能讓老闆知道你的良苦用心，瞭解你對企業的忠誠；在生活中亦是如此，多與自己的家人進行溝通，可以避免不必要的紛爭，而且還可以使家庭和睦，有和睦的家庭作爲後盾，你當然會有更多的精力來做自己的事業，事業上的成就也將會更加輝煌。

總之，溝通必須從心開始，從真誠開始。唯有這樣，才會有人樂意與你溝通。講究溝通方法，擴大溝通範圍，才能使溝通發揮作用。只有這樣，才會在工作中，找到並肩作戰的「戰友」，才會有人與你合作，最終走向成功！

學會為別人考慮

多為別人考慮就是多為自己考慮。

殼牌公司在中西部蓋了一家新廠，自己生產汽車坐椅。由於新開工後的幾個月內，這家新廠一直出現各種問題，包括質量、成本、延誤與退貨，於是總公司一位資深管理人員邦德暫時被調到新廠，以幫助新廠剛上任的廠長（從外面招聘的）解決問題，並使諸事上軌道。

邦德不久就使工廠的生產線活躍起來。當公司的總經理看到工廠下個月的月報表時，決定採取一項驚人的措施。他對新廠當初營運得亂七八糟感到非常憤怒，因此，決定解雇原來的新廠長，而讓邦德來接任最高職位。

當公司的人正在和邦德討論這驚人的決定時，公司另外有一位高級主管也從總公司來工廠視察。工廠裡充沛的活力立刻就吸引了這位高級主管，因爲他已經有好幾個月沒有來了。在邦德陪伴這位高級主管參觀包裝部門與裝填部門時，他發現工廠裡已經沒有以前那種混亂的景象。當他們走到另一條生產線時，有位女技術人員向邦德提到裝填時會發生冒泡的問題，於是，邦德叫這位女監工打電話給某人，然後向她解釋這項工作所需要的技巧。邦德對整套操作程序一清二楚。

參觀完畢，邦德把這位高級主管帶到他的小辦公室去聊天。邦德對他說：「沒錯，我閉著眼睛都能帶動工廠裡的生產。可是談到管理我卻有點緊張，雖然你們說會支持，幫我處理成本會計及一些文書工作。可是我在總公司老廠裡一直做的是車間管理員的工作。而在這裡，我一直都是『代理廠長』。現在可好了，總經理要我實際來管理整個廠的事。」

這位高級主管對邦德說他看來一點也不緊張：「你看來如此自信，而且能解答所有的問題。工廠的營運也非常好。」

「哦，」邦德說，「工廠裡上上下下的人都不知道我很緊張。因爲我必須讓一切都在我的控制之下，不管我的內心多麼緊張。如果我讓他們看出我很緊張，他們也會跟著緊張起來！」

「邦德確實是做廠長的合適人選。」這位高級主管回紐約向總經理報告時這麼說。

你可以看到，在邦德身上表現出來的，是一種大局觀思想，而這種思想是建立在爲別人考慮的基礎上。其實，如果我們真的能夠爲別人考慮的話，那麼別人也會爲我們考慮，這是一種公平的感情投資模式。

友誼在工作場合中扮演著一個什麼樣的角色呢？我們應該把私人生活與工作截然分開，還是在工作中刻意地去追尋和培養友情呢？

一位管理專家指出：工作中的友誼會對我們的職業生涯產生非常深厚的影響。一個和你一起工作的朋友會讓你更深入地瞭解公司的運作，他的客觀將會爲你的工作表現提供回饋，或者在工作中扮演共振板的角色，與你共同進退。擁有一個工作中的朋友，會使你用享受的心情去完成每一項任務，甚至可以增強你在工作中的創造力和生產力。

毫無疑問，過於「社會化」的辦公環境將會阻礙你的工作，因爲有的時候，你不得不在工作中兼顧私人感情。一位企業家曾有一段關於友誼的、難以忘卻的經歷：

在我剛進公司的管理層時，我曾經因爲害怕工作中的友情會傷害到自己而本能地讓自己在同事面前退縮不前，我很欣賞一個同事，但不敢輕易地和他建立友誼。

然後，突然有一天，他調離了原來的部門，我們的關係竟然發生了變化，不再壓抑自己的感情，開始成爲真正的朋友。在不同的部門之間，我們開始了良好的合作。

我不再顧慮重重，也不再避諱，工作夥伴可以成爲自己的朋友，只要自己清楚公事與私事之間的界線。

後來，在公司內部的一次績效評選中，我們二人都入圍了。但是非常遺憾，在我們之間，只有一個名額。那些天，我們見面都避而不談這個問題。我很看重我們之間精誠合作的友誼，我想如果有必要，我應該主動從這場利益之爭中退出。於是，我向人事部遞交了一份說明書。

但是，結果出來後，我大吃一驚，原來我們倆都榜上有名。我們倆同時遞交了說明書，這件事驚動了總裁先生，於是我們倆都獲得了嘉獎。

在美國的一些公司，過於密切的同事關係是被禁止的。而我所在的公司鼓勵友誼，因爲工作友誼有助於團隊精神的鞏固。這已成爲我們公司文化的一部分。

在工作中，需要我們爲別人考慮。懂得尊重別人的選擇，也認同別人的工作方式，真正地考慮別人的需要，能夠消除對方的敵對情緒。

艾米莉是一位紐約儲蓄銀行的出納員。她碰到了一位有牴觸情緒的客戶。

「這人進來開立戶頭，」艾米莉說，「我把申請書給他填寫，有些問題他願意回答，但有些他拒絕回答。」

「若按我以前的脾氣，我不會站在他的立場上考慮，我會告訴這位存款的人說，如果他不給銀行這些資料，我們要拒絕接受他的存款。我很慚愧我以前犯過這樣的毛病，自然，像那樣的『最後通牒』使我覺得痛快，我顯出了誰的權力大，銀行的規則章程不能馬虎。但那樣的態度，確實不能給那走進來光顧我們的人一種歡迎及自重的感覺。」

「所以，今天我決意不談銀行所要的，而談顧客所要的。」

「然而。」我說，「假定你在死後，有錢存在這銀行，你願意銀行爲你把這錢轉給按法律應承受的親屬嗎？」

「是的。當然的。」他回答說。

「你以爲，」我接著說，「將你最近的親屬的姓名給我們使人們在你死去的時候，設法沒有錯誤或毫不遲延地執行你的願望，這不是一個適當的辦法嗎？」

他又說：「是。」

「當他明瞭我們要這些資料不是爲了我而仍是爲了他，那青年的態度就軟化而改變了。在離開銀行以前，這位青年不只把關於他自己的全部資料給我，並且按我的建議，開了一個信託帳戶，以他的母親爲受益人，並且他極高興地回答了所有關於他母親的種種問題。」

考慮別人的需要，往往要求我們付出，這種付出不一定能夠得到相等的回報。但我們的付出終能得到別人的認可。在一個多雨的午後，一位老婦人走進費城一家百貨公司，大多數的櫃檯人員都不理她，但有一位年輕姑娘卻問她是否能為她做些什麼。當她回答說只是在等雨停時，這位年輕姑娘並沒有推銷給她不需要的東西，雖然如此，這位銷售人員並沒有轉身離去，反而拿給她一把椅子。雨停之後這位老婦人向這位年輕姑娘說了聲謝謝，並向她要了一張名片，幾個月之後這家店東收到一封信，信中要求派這位年輕姑娘前往蘇格蘭收取裝潢一整座城堡的訂單。這封信就是這位老婦人寫的，而她正是美國鋼鐵大王卡內基的母親。

成功的基石是合作

和人交往或一起工作，就得盡量去配合對方。

在工作之中，往往會碰到一些只想到自己的人，他們在工作中、生活中只考慮自己的利益，忽略別人的感受；或者是自以爲是，只按自己既定的方式去工作，拒絕別人更好的方法或者建議。這是一種狹隘的自以爲是的個人主義，這種人沒有認識到團體的力量。在現代這個社會，我們所從事的工作，往往不是靠一個人的能力所能完成的。因此，只想到自己的人則更易碰壁，更易在困難面前止步不前，更易導致失敗。

在工作中，只想到自己的人，往往只注重自己的思想和方法，卻容易忽視別人更好的觀點和建議，因此，常常會走更多的彎路，有的甚至錯失更多成就大事的機會。讓我們來看一下拿破崙．希爾的一段經歷：

拿破崙．希爾年輕的時候，曾經在芝加哥創辦一份教導人們成功的雜誌。當時他並沒有足夠的資本創辦這份雜誌，所以他就和印刷工廠合夥。然而，他沒有注意到他的成功對其他出版商卻造成威脅。而且在拿破崙．希爾不知道的情況下，一家出版商買走了他合夥人的股份，並接手了這份雜誌。

當時，他不得不以一種非常恥辱的心態離開了他那份以愛爲出發點的工作，因爲他和新合夥人的關係並不融洽，他忽略了以和諧的精神與合夥人合作。他常常因爲一些出版方面的小事而與合夥人爭吵。他的自我和自負使得他嚐到了失敗的滋味。

但他卻從這次的失敗中找到新的希望種子。拿破崙．希爾離開芝加哥前往紐約，在那裡他又創辦了一份雜誌。爲了要達到完全控制業務的目的，他學會激勵其他只出資、但沒有實權的合夥人共同努力。出資與出力的合理分工，使得雙方的合作十分愉快。就在不到一年的時間裡，這份雜誌的發行量就比以前那份雜誌多了兩倍多。而他由於願意花時間與合夥人溝通，再也沒有遇到之前在芝加哥所遇到的那種事情了。

拿破崙．希爾給我們提供了很好的教訓和經驗。對企業來說，它需要的不是孤獨式的英雄，而是能夠以大局爲重，懂得與他人合作的員工。對於企業而言，最怕眼高手低，而又鋒芒畢露的員工。鋒芒畢露、恃才傲物，團隊合作意識差，搞個人英雄主義，這都是團隊成員的大忌。所以要使自我能夠融合到社會中，融入到團隊建設與企業發展中，有一點很關鍵，就是不要「凡事自己來」，團隊意識很重要。

團隊精神有兩層含義，一是與別人溝通、交流的能力；二是與人合作的能力。一個團隊要想最大限度地發揮力量，要求每一分子都懂得和諧、合作，「看自己一枝花，看別人豆腐渣」的毛病犯不得，因此要瞭解的是每個人都在發揮作用，「大機器」才能正常運轉，每個人都不是完美的，但每個人又都有自己的長處，正確恰當地給自己在集體中定位，才能更好地「發光發熱」。

一加一能不能大於二，關鍵就要看每一個合作方能不能精誠攜手，盡心盡力。眾人齊心，其利斷金。合作能使你獲得意想不到的成功。

故步自封的人沒有出路

開口說話並不代表就是溝通。

故步自封的人，一般長期沉浸於孤獨的心理狀態，對周圍一切缺乏瞭解，對所處環境及周圍的人缺乏情感和思想的交流。他們缺乏和別人的溝通，常常自我封閉，在工作中，他們往往只知道自己的人生目標或者工作，忘卻了別人的存在，所以他們一般很少參加社會活動，更不要說和別人合作了。

那麼什麼叫溝通？溝通就是交往，交往就是說話與傾聽。「這還不容易嗎？張口就來。」恰恰因爲很多人抱有如此簡單的想法，才使得溝通成爲一種最容易被人忽略的能力。其實呢，說話還真的不簡單。你能不能把話說得從障礙變爲順暢？你能不能把話說得從陌生變爲親切？有了這種本事，才叫做溝通。

所以說在當今社會，一個人要想成功，必須學會溝通。不斷地擴大自己的社交圈，善於在交流中獲取訊息，碰撞思想，累積知識，提高能力。然而不會溝通的人，也就是故步自封的人，無疑是在自掘墳墓。作爲公司的管理者應該注意這些問題。管理者所做的每件事中都包含著溝通，因此管理者需要掌握有效的溝通技巧。當然，這並不是說僅擁有好的溝通技巧就能成爲成功的管理者，但是我們完全可以說，低效的溝通技巧會使管理者陷入無窮的問題與困境之中。

西雅圖波音公司的一位部門經理有一次大發雷霆，原來他看到一份報告上有一個錯字，那是個拼寫錯誤，有人把believe寫成了beleive。

這位經理十分精明能幹，可是就有個怪毛病，他的眼睛裡容不得任何一個拼寫錯誤，他叫來了那個寫錯字的工程師。「你這渾蛋連這麼點錯誤都要犯，你到底讀過書沒有？e怎麼可能在i的前面，記住，i永遠在e的前面。」經理太憤怒了，以至於整個走廊都聽得見他的聲音。

可是，沒過幾天，那位經理又發現了一個同樣的拼寫錯誤，而且還是出自同一人之手。

這次，經理被徹底地激怒了，他叫來了那個「屢教不改」的工程師，怒不可遏地衝他咆哮道：「你的耳朵長在頭上了嗎？爲什麼我說了你不聽？」

那工程師很平靜，說道：「你是說i永遠在e之前嗎？」經理說：「看來你是明知故犯了。」

工程師二話沒說，隨手從桌上拿起一份文件，把上面的boeing字樣一筆勾去，寫成了boieng。

這個不愉快的結局是由於這位經理的溝通不佳引起的，如果他當時不那麼氣憤，而是採用一種心平氣和的態度，可能就是另一種結果了。因此，對於管理者來說，溝通更重要，這個溝通的效果不僅影響自己，也會影響下屬，影響整個部門的工作熱情，最終影響公司業績。最後，這位經理因爲和下屬溝通不暢導致人際關係緊張，部門業績下滑，只有被迫離職。

不論你是一名普通員工，還是一名管理者，都要有良好的溝通能力。溝通作爲一個重要的人際交往技巧和管理技巧，在日常生活中的運用非常廣泛，其影響也很大。人際矛盾產生的原因，大多數都可歸於「溝通不暢」，因此爲了提高自己的交往能力，實現自己的理想，一定要在生活實踐的基礎上，不斷提高自己的溝通能力。

溝通在工作中就如人的血脈，如果溝通不暢，就如血管栓塞，其後果不堪想像。學會溝通，就要一定懂得其途徑。因為它不只是語言，還包括動作、姿態、眼神、表情等。有時一個眼神，一句我來了，抱一下肩膀，笑一笑等，都會有很大的作用，讓你工作開心、事業有成。學會溝通，善於溝通，才能讓自己在通往成功的歷程中一路順風。

懂得借助別人的力量

你解決不了的問題，對你的朋友或親人而言，或許就是輕而易舉的事。

星期六上午，一個小男孩在他的玩具沙箱裡玩耍。沙箱裡有他的一些玩具小汽車、敞篷貨車、塑料水桶和一把亮閃閃的塑料鏟子。在鬆軟的沙堆上修築公路和隧道時，他在沙箱的中間發現了一塊巨大的岩石。

小傢伙開始挖掘岩石周圍的沙子，企圖把它從泥沙中弄出去。他是個很小的小男孩，而岩石卻相當巨大。手腳並用，似乎沒有費太大的力氣，岩石便被他邊推帶滾地弄到了沙箱的邊緣。不過，這時他才發現，他無法把岩石向上滾動、翻過沙箱邊牆。

小男孩下定決心，手推、肩擠、左搖右晃，一次又一次地想搬動岩石，可是，每當他剛剛覺得取得了一些進展的時候，岩石便滑脫了，重新掉進沙箱。

小男孩只得拼出吃奶的力氣猛推猛擠。但是，他得到的唯一回報便是岩石再次滾落回來，砸傷了他的手指。最後，他傷心地哭了起來。對於這整個過程，男孩的父親從起居室的窗戶裡看得一清二楚。當淚珠滾過孩子的臉龐時，父親來到了跟前。父親的話溫和而堅定：「兒子，你爲什麼不用上所有的力量呢？」

垂頭喪氣的小男孩抽泣道：「但是我已經用盡全力了，爸爸，我已經盡力了！我用盡了我所有的力量！」「不對，兒子，」父親親切地糾正道，「你並沒有用盡你所有的力量。你沒有請求我的幫助。」父親彎下腰，抱起岩石，將岩石搬出了沙箱。

人互有短長，你解決不了的問題，對你的朋友或親人而言，或許就是輕而易舉的，記住，他們也是你的資源和力量。

《聖經・舊約》上說，人類的祖先最初講的是同一種語言。他們在底格里斯河和幼發拉底河之間，發現了一塊異常肥沃的土地，於是就在那裡定居下來，修起城池，建造起了繁華的巴比倫城。後來，他們的日子越過越好，人們爲自己的業績感到驕傲，他們決定在巴比倫修一座通天的高塔，來傳頌自己的赫赫威名，並作爲集合全天下弟兄的標記，以免分散。

因爲大家語言相通，同心協力，階梯式的通天塔修建得非常順利，很快就高聳入雲。上帝耶和華得知此事，立即從天國下凡視察。上帝一看，又驚又怒，因爲上帝是不允許凡人達到自己的高度的。

他看到人們這樣統一強大，心想，人們講同樣的語言，就能建起這樣的巨塔，日後還有什麼辦不成的事情呢？於是，上帝決定讓人世間的語言發生混亂，使人們互相言語不通。

人們各自說起不同的語言，感情無法交流，思想很難統一，就難免互相猜疑，各執己見，爭吵鬥毆。這就是人類之間誤解的開始。修造工程因語言紛爭而停止，人類的力量消失了，通天塔終於半途而廢。

團隊沒有默契，不能發揮團隊績效，而團隊沒有交流溝通，也不可能達成共識。身爲領導者，要能善用任何溝通的機會，甚至創造出更多的溝通途徑，與成員充分交流。

唯有領導者從自身做起，秉持對話的精神，有方法、有層次地激發員工發表意見與討論，彙集經驗與知識，才能凝聚團隊共識。團隊有共識，才能激發成員的力量，讓成員心甘情願地傾力打造企業的通天塔。

一個人在生命的路途上前進時，若不隨時與同伴交流溝通，便會很快落伍。

大雁有一種合作的本能，它們飛行時都呈V形。這些雁飛行時定期變換領導者，因爲爲首的雁在前面開路，能幫助它兩邊的雁形成局部的真空。科學家發現，雁以這種形式飛行，要比單獨飛行多出百分之十二的距離。

合作可以產生一加一大於二的倍增效果。據統計，諾貝爾獲獎項目中，因協作獲獎的占三分之二以上。在諾貝爾獎設立的前二十五年，合作獎占百分之四十一，而現在則躍居百分之八十。

分工合作正成為企業中的一種新潮的工作方式而被更多的管理者所提倡，如果我們能把容易的事情變得簡單，把簡單的事情變得很容易，我們做事的

效率就會倍增，就是簡單化、專業化、標準化的一個關鍵，世界正逐步向簡單化、專業化、標準化發展，於是合作的方式就理所當然地成為了這個時代的產物。

一個由相互聯繫、相互制約的若干部分組成的整體，經過優化設計後，整體功能能夠大於部分之和，產生一加一大於二的效果。

在溝通中迸發出合作的火花

拒絕溝通，也就意味著拒絕與別人合作。

在日常工作和生活之中，我們常常會提到合作。它是兩者或兩者以上在一起共同去完成某一件事情，在這種情況下，如果不學會發揮「一加一大於二」的效應，到頭來很可能會一無所獲，白忙一場；那些善於合作的人，往往能利用對方不動聲色地實現自己的願望。因此，沒有合作的習慣，很難成就大事，只有合作，才能雙贏。

在工作之中我們每個人都有自己的見解，都有自己處理事情的方法，但是，人與人有異，做事情的方法也各有不同。

在我們合作完成某件事情的時候，就會出現各種的差異：也許你希望用自己的方法，而你的同事想要用他的方法。

如果你的建議沒有別人的好，卻生硬地讓別人來接受，這是一種錯誤的做法。因此，我們在合作中要不斷地溝通，溝通了才能互通有無，才能比較出孰優孰劣，找出最佳途徑，才能實現更好的合作。

在工作之中，不善於與人溝通的人，會讓別人覺得無法與之合作；而善於與人溝通的人，一定是善於與人合作的人。

既然我們已經成爲利益共同體，我們就要學會合作，提出建議，構造一個和諧的團隊，那樣才能事半功倍。

美國總統西奧多．羅斯福在擔任紐約州州長的時候，完成了一件很不尋常的事情。

他一方面和政治領袖們保持很好的合作關係，另一方面又強迫進行一些令他們不高興的改革。他的做法是這樣的：

當某一個重要的職位空缺時，他就邀請所有的政治領袖推薦接任人選。起初，他們也許會提議一個很差勁的黨棍，就是那種需要「照顧」的人。羅斯福就告訴他們，任命這樣一個人不是好政策，大家也不會贊成的。

然後，他們又把另一個黨棍的名字提供給羅斯福，這一次是個老公務員，他只求一切平安，少有建樹。羅斯福告訴他們，這個人無法達到大眾的期望，接著羅斯福又請求他們，看看他們是否能找到一個顯然很適合這職位的人選。

他們第三次建議的人選，差不多可以，但還不太行。

接著，羅斯福謝謝他們，請求他們再試一次，而他們第四次所推薦的人就可以接受了；他們提名了一個羅斯福自己也會挑選的最佳人選。羅斯福對他們的協助表示感激，接著就任命那個人，他還把這項任命的功勞歸之於他們。羅斯福告訴他們，他這樣做是爲了能使他們感到高興。

在這方面羅斯福是很成功的，他盡可能地向其他人請教，並尊重他們的忠告，這是學會與人融洽合作的根本。當羅斯福任命一個重要人選時，他讓那些政治領袖們覺得，是他們選出了適當的人選，但實際上卻完全是他自己的主意。

我們應該記住，如果你想順利地達到自己的目的，就一定要學會與人融洽合作。

如果你想讓其他人接受你的思想，最好讓他們覺得這個想法就是他們自己的。我們明天所要接觸的人，和我們合作的人，就像許多普通人那樣具有人性的弱點，因此我們只要把握住人性的弱點，並善加引導，這樣在你和他人合作時，就會如魚得水。這樣，在工作或者生活之中，我們才更易贏得成功。

困難是上帝對人的恩賜

人生的路程既然與苦難分不開，我們就該懂得接受苦難。

任何一項工作在落實的過程中都會遇到很多困難，當我們面對這些困難的時候，我們能甘心逃避嗎？當然不能。困難擺在前進的路上，是讓我們運用智慧來克服的，我們只有在克服困難的過程中才能得到成長。

不要對迎面而來的重重困難表示厭惡和恐懼，困難其實是上帝賜予我們的禮物。對於這份禮物，我們只能平靜接受並且要細心去分析、去琢磨，不要抱怨上天在故意整我們，其實與困難同來的是培養我們自信心和自尊心的機會。你會發現當這個困難成爲你的手下敗將時，你獲得的遠比那些安逸的同伴要多很多。

斯蒂芬．威廉．霍金這個名字你可能不太清楚，但是提到「黑洞」理論和

「量子」學說，你就應該不會感到陌生了。

霍金曾先後畢業於牛津大學和劍橋大學三一學院，並獲劍橋大學哲學博士學位。出乎人們意料的是，他竟然是一個中樞神經殘障者！由於肌肉嚴重衰退，他失去了行動能力，手不能寫字，話也講不清楚，終生靠輪椅生活著。

可是他卻能憑藉一個小書架，一塊小黑板，還有一個他以前的學生做助手，最終在天文學的尖端領域——黑洞爆炸理論的研究中，透過對「黑洞」臨界線特異性的分析，獲得了震動天文界的重大成就，並因此榮獲一九八〇年度的愛因斯坦獎金。

一九八五年霍金又喪失了語言能力，他表達思想唯一的工具是一台電腦聲音合成器。他用僅能活動的幾根手指操縱一個特製的滑鼠在電腦屏幕上選擇字母、單詞來造句，然後透過電腦播放聲音，爲了合成一個小時的錄音演講要準備十天。

如今，他已被稱爲當代世界上最偉大的科學家，當代的愛因斯坦。他在統一二十世紀物理學的兩大基礎理論——愛因斯坦的相對論和普朗克的量子論方面走出了重要一步。霍金的魅力不僅在於他是一個充滿傳奇色彩的物理天才，更因爲他是一個令人折服的生活強者。他不斷求索的科學精神和勇敢頑強的人格力量深深地吸引了每一個知道他的人。

我們無法想像一個身體條件差到無法自理的人要獲得如此巨大的科學碩果，他的背後曾經付出過多少努力。是的，上帝也許真的給予了他超於常人的智慧，可是要是沒有那種克服困難的執著，沒有那種勇往直前的毅力，單單靠一個聰明的腦子也不一定能取得成功。

悲觀或者樂觀，堅強或者懦弱，前進還是退卻，依附還是自立，都在一念之間。這個偉人給我們留下的思考空間就是：對於一個真正勇敢的人來說，不論他的生存條件如何，都不會磨滅他的潛能，也不會降低他可能達到的人生高度。他會自我燃燒能量，他會鍥而不捨地去克服一切困難，發掘自身才能的最佳優點，揚長避短地、踏踏實實地朝著人生的最高目標邁進。

若你能夠將困難看做命運之手對自己的無形引導，並接受這一信號，把自

己的前進方向調整到正確的軌道上，那麼困難對你來說就是福佑；若你將困難看做是天意對自己本身軟弱與無能的暗示，而從此心灰意懶，那麼困難對你來說就是懲罰。如何對困難作出反應是極其關鍵的，它決定著整個的命運，樂觀一些，堅強一點，如果你能夠挺直腰板戰勝困難，那麼就可以一往無前，直至成功！

Point 5

賤狗！你在面目猙獰什麼？是沒看過壞人嗎？

我們都知道狗急會跳牆，

但是人急卻不必跳樓，轉身勇敢去面對，

就會發現事情根本沒有想像中的複雜。

熱情讓一切變得皆有可能

一位著名的企業家信奉這樣一段人生名言：「我愈老愈更加確認熱忱是勝利的秘訣。成功的人和失敗的人在技術、能力和智慧上的差別並不會很大，但如果兩個人各方面都差不多，擁有熱忱的人將會擁有更多如願以償地機會。一個人能力不夠，但是如果具有熱忱，往往一定會勝過能力比自己強卻缺乏熱忱的人。」

有一次，在一個濃霧瀰漫的夜晚，拿破崙．希爾和他的母親從新澤西乘船到紐約的時候，母親歡叫道：「這是多麼令人驚心動魄的場景啊！」

「有什麼出奇的事情？」拿破崙．希爾問道。

母親依舊充滿熱情：「你看那濃霧，那四周若隱若現的光，還有消失在霧中的船帶走了令人迷惑的燈光，多麼令人不可思議。」

或許是被母親的熱情所感染，拿破崙．希爾也感受到了厚厚的白色霧靄中那隱藏者的神秘、虛無和迷惑。拿破崙．希爾那顆遲鈍的心得到了一些新鮮血液的滋潤，不再毫無知覺了。

母親注視著拿破崙．希爾說：「我從沒有放棄過給你忠告。無論以前的忠告你接受不接受，但這一刻的忠告你必須得聽，而且要永遠牢記。那就是：世界上永遠有美麗和興奮存在，它本身就是如此動人、如此令人神往，所以，你自己必須對它敏感，永遠不要讓自己感覺遲鈍，嗅覺不靈，永遠不要讓自己失去那份應有的熱情。」

拿破崙．希爾一直沒有忘記母親的話，而且也試著去做，就是讓自己保持那顆熱忱的心。

成名以後的拿破崙．希爾也曾說過：「要想獲得這個世界上的最大獎賞，你必須擁有過去最偉大的開拓者所擁有的將夢想轉化爲全部有價值的熱情，以此來發展和銷售自己的才能。」

熱情一方面是一種自發的力量，同時也是幫助你集中全身力量投身於某一事情的能源。沒有什麼事情有像熱忱這般具有傳染性，它能感動頑石，它是真誠的精髓。

我們大家無論是誰心中都會有一些熱忱，而那些渴望成功的人們的內心世界更像火焰一樣熊熊燃燒，這種熱忱實際上是一種可貴的能量，用你的火焰去點燃內心熱忱的火種，那麼你又向成功邁進了一大步。

不過，熱忱不是面子上的工夫，如果只是把熱忱溢於表面而不是發自內心，那便是虛僞的表現，如果這樣，往往不能使自己獲得成功，反而會導致自己失去成功的機會。因此，訓練熱忱的方法是制訂出一份詳細的計劃，並依照計劃執行，培養對熱忱的持久感受，盡量使人的熱忱上升，不使人的熱忱逐漸下墜。

在個人的生活中，需要有一個奮鬥的計劃，最簡要的辦法便是確立自己的目標，但目標不能太低，也不能太高。尤其要爲追求這個目標保持一份熱忱和興奮。無論男女，只要有一個這樣的目標，對工作抱有高度的熱忱和興趣，便能逐步向自己的目標邁進。

熱忱是出自內心的興奮，充滿到整個的爲人。英文中「熱忱」這個字是由兩個希臘字根組成的，一個是「內」，一個是「神」。

事實上一個熱忱的人，等於是有神在他的內心裡。熱忱也就是內心裡的光輝——一種炎熱的精神特質在一個人的內心。

一個人真的充滿了熱忱，你就可以從他的眼神裡看得出來；可以從他的步伐看得出來；還可以從他全身的活力看得出來。熱忱可以改變一個人對他人、對工作以及對全世界的態度。熱忱使得一個人更加熱愛人生。

一個人幾乎可以在任何他懷有無限熱忱的事情上成功。

熱忱必須發自內心。產生持久的熱忱的方法是定出一個目標，努力工作去達到這個目標。而在達到這個目標之後，再定出一個目標，再努力去達成。這樣做可以提供興奮和挑戰，如此就可以幫助一個人維持熱忱於不墜。

熱忱可以鞭策一個人奮起做事。要培養熱忱，增加自己的熱忱，可以從以下兩方面去做：

第一，意識到熱忱的必要性，強迫自己採取熱忱的行動，你就會逐漸變得熱忱。

第二，深入發掘你的目標，研究它，學習它，和它生活在一起，盡量收集有關它的資料。這樣做常會在不知不覺中使你變得更爲熱忱。

身體健康是產生熱忱的基礎。如果一個人的行動充滿了活力，他的精神和情感也會充滿活力。提高熱忱的另一個方法是，在做一件事情前，先給自己來一段鼓舞的話，其效果就像教練對球員講話一樣。

愛默生說：「人類歷史上每一個偉大而不同凡響的時刻，都可以說是熱忱造就的奇蹟。」穆罕默德就是一個例子，他帶領阿拉伯人，在短短的幾年內，從無到有，建立起了一個比羅馬帝國的疆域還要遼闊的帝國。

正是因爲熱忱，伽利略才舉起了他的望遠鏡，最終讓整個世界都拜倒在他的腳下；正是因爲熱忱，哥倫布才克服了艱難險阻，領略了巴哈馬群島清新的晨風。

憑藉著熱忱，自由才獲得勝利；憑藉著熱忱，林中的原始民族舉起了手中的利斧，砍開了通往文明的道路；也憑藉著熱忱，彌爾頓、莎士比亞、李白、杜甫們才在紙上寫下了他們不朽的詩篇。

熱忱對於一個職場人士來說就如同生命一樣重要。如果你失去了熱情，那麼你永遠也不可能在職場中立足和發展。

憑藉熱情，我們可以把枯燥乏味的工作變得生動有趣，使自己充滿活力，培養自己對事業的狂熱追求；憑藉熱情我們可以感染周圍的同事，讓他們理解你、支持你，擁有良好的人際關係；憑藉熱情，我們可以獲得老闆的提拔和重用，贏得珍貴的成長和發展機會。

一旦缺乏熱忱，軍隊無法克敵制勝，藝術品無法流傳後世；一旦缺乏熱忱，人類不會創造出震撼人心的音樂，不會建造出令人難忘的宮殿，不能馴服自然界各種強悍的力量，不能用詩歌去打動心靈，不能用無私崇高的奉獻去感動這個世界。

有熱忱才有可能。不大可能的事也許今天就會實現，根本不可能的事也許明天會實現。有了熱忱，你才能用真正偉大的可能，排除並且取代了悲哀的「不可能」。

記住，從現在開始，你可以用你對自己事業的熱情，對同事的熱情，對老闆的熱情，勇敢地對「不可能」說聲再見了。

有哪條河流是不可能渡過的？有哪座山峰是無法跨越的？假如你不想被「不可能」三個字征服，那麼就用積極的熱忱來將它從字典裡剔除吧。熱忱專門克服不可能的工作，帶著你永遠的熱忱之心，你就可以去攀登內心的珠穆朗瑪峰！

信念的力量

多年的經驗告訴我，無論什麼事情，要取得成功，最重要的條件是要有強烈的願望和堅定的決心，無論如何都要獲得成功，而且只許成功，不許失敗。一旦有了這種堅強的成功信念，可以說，事情就成功了一半。這個信念會鼓舞著你為了事業成功而尋找必要的手段和方法。

美國著名學者、博物學家兼哲學、解剖學、心理學教授威廉·詹姆斯是這樣論述信念的：「只要懷著信念去做你不知能否成功的事業，無論從事的事業多麼冒險，你都一定能夠獲得成功。」

無堅不摧的信念，是激勵自己達到所希望的目標的積極態度。在任何世界級公司，總是貫徹積極鼓勵員工的信念，如果你清楚地瞭解你正在做的事情，你覺得它是有益的，那麼，堅持不懈地做下去！

在鼓勵員工的信念上，福特公司做得很好。福特野馬（Mustang）研發出來後，總設計師傑克．漢克斯要向推銷員們介紹車的性能及優勢，並回答推銷員們提出的各類問題。

在這個討論會上，傑克．漢克斯進入會場，沒講一句開場白，手裡卻高舉著一張二十美元的鈔票。面對會議室裡的兩百個人，他問：「誰要這二十美元？」一隻隻手舉了起來。

他接著說：「我打算把這二十美元送給你們之中的一位，但在這之前，請准許我做一件事。」

他說著將鈔票揉成一團，然後問：「誰還要？」仍有人舉起手來。

他又說：「那麼，假如我這樣做又會怎麼樣呢？」他把鈔票扔到地上，又踏上一隻腳，並且用腳碾它。爾後他拾起鈔票，鈔票已變得又髒又皺。

「現在誰還要？」還是有人舉起手來。「朋友們，你們已經得到了你們所要的答案！無論我如何對待那張鈔票，你們還是想要它，因爲它不會貶值，它的價值就擺在那裡，明眼人都看得到。是的，這就是我們的福特野馬車，它是獨特的，卓越非凡的，你們要相信這一點！」接著，傑克・漢克斯才從野馬車獨特的設計理念開始，將每一個細小的環節一一詳細介紹。

在這一年裡，福特野馬車的銷售量高達一百萬，掀起了一股橫掃美國的汽車熱潮！這就是信念創造的奇蹟！

我們是獨特的——永遠不要忘記這一點！

我們所從事的事業是獨特的——永遠不要忘記這一點！

上帝讓你和你的事業存在，一定有他的理由。這個理由需要你去尋找。

傑克・漢克斯從小就知道信念的價值，而這得益於他的父親。回憶自己的成長經歷，傑克・漢克斯對父親講述的那個故事記憶猶新。

當時，傑克・漢克斯才九歲，他非常喜歡拆裝零件，想方設法把家裡的小東西拆開來，又重新一一裝上去。那時候，窮人家的孩子要成爲機械師是一件很難的事，當傑克・漢克斯對同學說「長大了要做機械設計師」時，他遭到了嘲笑。他哭著對父親訴說，父親嚴厲地看著他，給他講了一個令他終生難忘的故事。

「據說，誰佩帶著那個箭囊，就會具有無堅不摧的意志。在兒子出征前，父親將箭囊鄭重地交給他。箭囊製作精美，厚牛皮打製，鑲著幽幽泛光的銅邊兒，再看露出的箭尾。

一眼便能認定是用上等的孔雀羽毛製作。兒子喜上眉梢，貪婪地推想箭桿、箭頭的模樣，耳旁彷彿嗖嗖的箭聲掠過，敵方的主帥應聲折馬而斃。果然，佩帶箭囊的兒子英勇非凡，所向披靡。

當鳴金收兵的號角吹響時，兒子再也禁不住得勝的豪氣，完全背棄了父親的叮囑，強烈的慾望驅趕著他呼的一聲就拔出箭，試圖看個究竟。驟然間他驚呆了。一支斷箭，箭囊裡裝著一支折斷的箭。我一直佩帶著支斷箭打仗呢！兒子嚇出了一身冷汗，彷彿頃刻間失去支柱的房子，意志轟然坍塌了。結果不言自明，兒子慘死於亂軍之中。拂開濛濛的硝煙，父親撿起那柄斷箭，沉重地啐一口道：『不相信自己的意志，永遠也做不成將軍。』」

你自己才是一支箭，若要它堅韌，若要它鋒利，若要它百步穿楊，百發百中，磨礪它，拯救它的都只能是自己。但是最最重要的，你要信賴它！

傑克・漢克斯一遍又一遍地將這個故事重溫，無論條件多麼惡劣，在他的心中都從來沒有動搖過想當機械設計師的信仰。他相信，主能感受到他屹立不搖的信念。他生於這個世上，絕不是爲了做一個卑微的弱者！

他積極地克服自己的弱點，長久嚴格約束自己，堅守這個會決定他未來的信念。他考上了大學，又如願進入了世界前五百大公司，從一名普通的機械師，一步一步，做到了首席設計師。

威廉・詹姆斯說：「要相信人生是有價值的，這樣我們才能擁有真正屬於自己的人生。」

有信念的人絕不會埋怨自己的際遇不佳，因爲他堅信這只是暫時的；也不會抱怨受到不公平的待遇，因爲他堅信這只是偶然的；不會在牢騷中度過彷徨的人生，因爲他有信心拯救自己。他們會面對困難說：

「我是主創造的，不論發生什麼事都不會失敗。」

「還會更糟糕嗎？一定會越來越好的。」

「麵包一定會有的。」

是的，困難很可怕，但是沒有什麼比失去信念更可怕！你能想像一個沒有信念的人，會積極地應對人生的各種問題，從而獲得成功嗎？

對事業懷有信念，乃是獲得成功不可或缺的前提。當然，這並不是說其他因素不重要，但信念，是不可思議的，它所能產生的能量，無與倫比！

《聖經．馬太福音》裡是這樣寫的：「只要你有一粒蓋菜種子大的信仰，就沒有任何事情你做不到。」

把擔憂變成進步的動力

每個人都希望自己在事業上有所成就，但真正在事業上有所成就的，只不過是極少數的人，大部分的人都是平庸者，那麼是什麼讓他們有如此的差距呢？答案只有一個，那就是自信。

成功者和普通者在性格上的區別很簡單，前者往往比較自信、有活力，而後者則不這樣，儘管他們也很有錢、很有權，但總是在內心裡感到灰暗和脆弱。成功者大都有「碰壁」的經歷，但堅定的信心使他們能夠透過搜尋薄弱環節和隱藏的「門」來另闢蹊徑，他們透過總結教訓來獲得成功；而普通者一旦「碰壁」之後，就一蹶不振，畏首畏尾，產生悲觀情緒，產生自卑的心理，或是乾脆放棄原來的目標，以至於徹底失敗。

信心對立志成功者來說是不可替代的。信心是一種自我激勵的力量，凡是有作爲的人都有超強的自信心，不管在工作中遇到多少困難，仍然認準自己的目標，腳踏實地走出一條自己的路。

一位孤獨的年輕畫家在屢遭挫折後，終於找到了一份工作。他住在廢棄的車庫裡，條件十分簡陋。每逢深夜，他常常聽到一隻小老鼠吱吱的叫聲。久而久之，小老鼠竟爬上了他的畫板嬉戲，他與它享受著相互依賴的樂趣。

不久，畫家被介紹到好萊塢去製作一部有關動物的卡通片，一開始，他的工作進度很緩慢，他常常爲畫些什麼冥思苦想。終於，在一個深夜，他回憶起那隻在畫板上跳舞的小老鼠。於是，他妙筆生花，一個活靈活現的卡通形象——米老鼠誕生了。

這個年輕的畫家就是美國極負盛名的沃特·迪士尼先生，他創造了風靡全球的米老鼠。上帝只給了他一隻老鼠，讓他的大腦儲存了珍貴的靈感。

想想看，上帝給予人類的豈止是靈感。知道海倫·凱勒嗎？知道保爾·柯察金嗎？知道張海迪嗎？上帝有時候會殘忍地降臨災難，可是，許多與病痛爲伍的人，卻不乏自己的生命價值。命運的一端是上帝給的災難，另一端則是他們生命的韌性。有時，失敗的對面，恰恰就是成功。實業家路德維希·蒙德的經歷就是最好的說明。

路德維希·蒙德學生時代曾在海德堡大學同著名的化學家布恩森一起工作，他發現了一種從廢鹼中提煉硫黃的方法。

後來他移居英國，在那裡幾經周折才找到一家願意同他合作開發此技術的公司，事實證明此項技術的經濟價值非常高，於是蒙德萌發了開辦化工企業的想法。

不久，蒙德買下了一種利用氨水的作用使鹽轉化為碳酸氫鈉的方法，這種方法是他一起參與發明的，但當時還不很成熟。於是蒙德在柴郡的溫寧頓一邊買地建造廠房，一邊繼續實驗，以求完善這種方法。

儘管實驗屢屢失敗，但蒙德從未放棄，夜以繼日地研究開發。經過反覆的實驗，他終於解決了技術上的難題。

一八七四年廠房建成，但起初生產情況並不理想，成本居高不下，連續幾年，企業完全虧損。同時，當地居民由於擔心大型化工企業會破壞生態環境，也拒絕與他合作。蒙德陷入了困境。

但是堅韌的性格和超強的自信心幫助了蒙德，他不氣餒，終於在建廠六年後的一八八〇年取得了重大突破：產量增加了三倍，成本也降了下來，產品由原來每噸虧損五英鎊，變爲獲利一英鎊。當時的英國，工廠普遍實行十二小時工作制，工人一周要工作八十四小時。

蒙德作出了一項重大的決定，將工人的工作時間改爲每天八小時。由於工人的積極性極度高漲，每天八小時內完成的工作量與原來十二個小時完成的一樣多。工廠周圍居民的態度也發生了轉變，爭著進他的工廠做工，因爲蒙德的企業規定，在這裡做工，可獲得終身保障，並且當父親退休時，還可以把這份工作傳給兒子。後來，蒙德建立的這家企業成了全世界最大的生產鹼的化工企業。

蒙德的人生經歷和企業發展的過程說明了一個問題：逆境是上天給人們的寶貴的磨煉，只有具有自信心的人，只有經得起考驗的人，才能在逆境中汲取營養，才能成長爲真正的強者。

自古以來，許多偉人和成功人士，大多都是憑著不屈不撓的自信精神從逆境中掙扎著奮鬥過來的。在人的一生中，決不會順利地走向巔峰，遭遇挫折或失敗是難免的，這就要求我們必須有堅強的自信心。逆境是一種優勝劣汰的選擇機制，越過了逆境這座分水嶺，人生必然會呈現一種嶄新的境界。否則，只能是平庸一生，碌碌無為一生。是堅強走過去，還是懦弱地停下來，全在你自己的選擇！

從優秀走向卓越

信心是我們前進的動力。在我們的生活之中，每天都將不可避免地遇到困難，只要我們有充分的自信、足夠的勇氣去面對，那麼這些困難都將迎刃而解。

在我們的人生旅途中，只要我們認定自己的目標，並且勇敢地走下去，那麼我們就將成就完美的人生！

有方向感的信心可讓我們的每一個意念充滿力量。當你用強大的自信心去推動成功的車輪，你就會平步青雲，最後攀上成功的頂峰！海倫·凱勒的一生就是最好的證據。

她十九個月時，由於一場大病而又聾又啞。生理上的變化讓她的心理變得急躁不安，簡直就是一個十惡不赦的「小壞蛋」。

幸運的是她遇上了一位偉大的光明天使——安妮．莎莉文女士。莎莉文也是位不幸的女性，十歲時就被送入痲省孤兒院，十四歲時雙眼得病幾乎失明，然而她學習了英語，並成爲海倫的家庭教師。

莎莉文女士對海倫的每一次教導都十分困難，海倫固執己見，透過又哭又喊來抵制教育。但莎莉文女士卻僅用了一個月的時間便與她建立了溝通。她成功的因素是自我成功與重塑命運——信心與愛心。就是這樣兩手相牽，兩心相連，莎莉文用愛心與信心撫平了海倫心裡的創傷，喚醒了她沉睡的意識力量。自然聾啞的海倫，憑觸覺——指尖代替眼睛和耳朵，學會了與外界的溝通。十多歲時，她的名字就已傳遍全美，成爲殘疾人的模範。

倘若說小海倫沒有自卑感，那是不正確的，也是不公平的。幸運的是莎莉文使她樹立起了生活和學習的信心，實現了對自卑的超越。

海倫孜孜不倦地接受教育，並獲得了超越常人的知識，順利地進入了哈佛大學拉德克力夫學院學習。她說出的第一句話是：「我已經不是啞巴了！」她是世界上第一個受到大學教育的聾啞人，並以優異的成績畢業。

海倫不但學會了說話，而且還學會了用打字機著書、寫作和「鑑賞」音樂。她的觸覺很敏銳，甚至能夠把手放在對方嘴唇上來感知對方在說什麼。倘若你和她握過手，幾年後當你們再見面握手時，她會憑握手認出你，知道你是美麗的、強壯的、爽朗的或是體弱的、滑稽的或是滿腹牢騷的人。

她自始至終對生命充滿信心，充滿熱誠。憑她那堅強的信念，她終於戰勝了自己，實現了自身的價值。二戰後，海倫．凱勒在歐洲、亞洲、非洲各地巡迴演講，喚起人們對身體殘疾者的重視，被《大英百科全書》稱爲殘疾人中最有成就的代表人物。

馬克．吐溫評價說：「十九世紀中，最值得人們紀念的人是拿破崙和海倫．凱勒。」

懂得「信任」自己「心靈」的人，最終必然會取得成功，海倫．凱勒用自己的行動證實了這一點，信心不僅創造了物質財富，而且創造了精神財富，成就了完美的人生！擁有信心的人，必將從平凡走向優秀，從優秀走向卓越！

要有無所畏懼之心

要掌握自己的命運就必須無所畏懼。

很多新人在求職時或多或少都存在著某種恐懼的心理。一位員工這樣描述他第一次來到紐約的情景：「當我站在紐約街頭的時候，心裡一片茫然，一種從未有過的恐慌向我襲來，你會發現周圍的人都很忙，但別人做的事，沒有一件你可以做，『我能做什麼？』看著掃大街的人，我在想，我是否可以掃得和她一樣好，是否可以找到一份和她一樣的工作。」克服膽怯的心理是他們首先要做的事情。

如果有人討教怎樣克服膽怯害怕心理，我通常建議他嘗試做一件事：找機會多參加大型的集會。先別忙著找座位，等到主持人宣佈活動正式開始時，你再鼓足勇氣目中無人地徑直走到前台一二排的貴賓席，尋個空位子坐下。不用擔心，在那一般都會有不少空座位，來賓彼此也未必全認識，無法識破你是一個無關緊要的局外人，出於禮貌，他們還會跟你客氣，與你搭訕。

這種訓練膽量的方法源於我的朋友弗蘭克的一次難忘經歷的感悟。

讀大學時，弗蘭克參加了學生社團舉辦的舞蹈愛好者沙龍。弗蘭克來自一個小鎮，天性懦弱。第一次參加活動時，弗蘭克在大門外面兜的圈子足足有十來個回合，怎麼也壯不起膽子踏進室內。眼看就要開始了，弗蘭克強迫自己抬起哆嗦的右腿朝裡伸，跨過門檻後，使勁地讓重心往前移，直至腳跟著地。身軀總算進去了一半，此時弗蘭克確信已邁出了關鍵的一步。

大廳中間用桌子圍成半個圓圈，周圍擠站著不少人，只有第一排的邊上仍有一把椅子空著。弗蘭克沒作更多的考慮，鬼使神差地穿過中心區，挪開空椅子靠坐下去，如釋重負。在弗蘭克坐下的一剎那，鄰座的人眼角散射出異樣的餘光。不久還有一位遲到的漂亮女生對弗蘭克莞爾一笑，並端走了前面桌子上的一隻茶杯。這個位置優越，可以清楚地看到大師們的現場表演，弗蘭克料定今晚會大有收穫。

幾位同學談完學舞心得後，主持人做了個手勢，宣佈現場表演開始，眾人的目光向弗蘭克移來。此時，弗蘭克才發現剛才那位女生不知什麼時候已經搬來凳子坐在旁邊。她起身向前台走去，噢，她的舞姿美得就像她本人。沙龍結束，弗蘭克心滿意足地邁出大廳。一位志同道合者猛地拍了一下弗蘭克的肩膀，奚落道：「你可真夠勇敢，負責人剛離座你就敢雀巢鳩佔。」愕然之後是釋然。弗蘭克很開心自已第一次越過了膽怯這道柵欄，而且佔了別人的位子還全然不知，否則，弗蘭克斷斷不敢如此放肆。弗蘭克也很慶幸碰上了好人，否則，那份尷尬、難堪定然使弗蘭克無地自容，日後再也不會參加類似的活動了。

弗蘭克的好運使我明白了一個道理，人之所以懦弱，做事之所以縮手縮腳，皆因顧慮大多或知之過深。其實，世事並非真像我們想像的那麼可怕，戰勝膽怯的關鍵是跨出第一步，然後別忘了邁開第二步，剩下的事便是堅持下去了。愛默生說：「英雄並不比一般人更勇敢，差別僅在於，他的勇氣維持了五分鐘而已。」

知識在給予我們力量的同時，也爲我們築起一道道屏障。從某種意義上說，無知並非全是壞事，不知道也有不知道的妙處，少干擾，勇往直前。所謂初生牛犢不怕虎，並不是真不怕，而是不知道虎的可怕。所以，戰勝膽怯需要有牛犢精神，面對強敵時不急著去估算自己的實力，也不去懷疑自己的能力，只堅信世間沒有什麼解決不了的困難。

當先驅者已經開闢出了一條大路，跟風的人馬上一擁而上。這些追隨者，充其量只能拾別人牙慧，聰明的人早已開始行動，走上了充滿驚奇的探險之路。路是人走出來的，並且永遠只有那些走在最前面的勇敢的人得到的利益和驚喜最多。

在現實生活中，我們缺少的正是那種敢於涉足新領域、新事物的先鋒，在他們身上，表現出我們社會的創造力，表現出勇敢、勇氣、追求和完美的精神。

你在為你的飯碗擔憂嗎

提心吊膽其實是人們在面對事物時，產生的一種恐懼狀態的消極心理，是一種悲觀主義的心理，一種自卑的心理。

在我們的日常生活中，常常會遇到這樣的一些人，他們天天提心吊膽、畏首畏尾地做事，他們對自己的工作、對自己的人生缺乏自信。他們經常對自己持懷疑的態度，懷疑自己能否完成某項工作，懷疑自己是否有能力去做好某件事，甚至懷疑自己能否有所成就。正是這種悲觀的情緒，造就了他們的失敗人生。

悲觀主義是消極的，它是破壞活力和束縛個人發展的黑暗地牢。那些總是只看到事物陰沉黑暗面的人，那些總是預測自己可能遭遇不利和失敗的人，那些只看到生命中醜惡骯髒和令人不快的人，將受到致命的懲罰。他們會使自己一步一步接近他們所擔心的那些東西，使恐懼和擔心變成了現實。

悲觀主義的人往往是比較自卑的人。自卑是一種消極的自我評價或自我意識，也就是個人認爲在某方面總是比不上他人而產生的消極情感。自卑感就是個體把自己的各方面能力、個人品質估計偏低的消極意識。他們總是感到各方面不如別人，沒有信心，進而悲觀失望，不求進取。一旦一個人被自卑控制住，那麼他就會受到嚴重的束縛，聰明的才智便無法發揮。自卑是束縛創造力的最大危害，自卑倘若駐留在我們心中，就會在事情似乎已有所突破時把它弄砸了。事實上，對成功的恐懼使我們拖延了成功的時間，錯過了成功的機會。英國的弗蘭克林就是一個典型的例子。

在一九五一年，英國的科學家弗蘭克林從自己拍攝的X射線照片上發現DNA的雙螺旋結構後，他計劃就此發現做一次演說，但因爲自卑，他放棄了這次演說。一九五三年，科學家沃森和克里克也發現了同樣的現象，從而提出了DNA的雙螺旋結構的假說，使人們進入到了生物時代，並因此獲得了一九六二年度的諾貝爾醫學獎。

其實弗蘭克林是完全可以成功的，但是他在這件事情上，表現得提心吊膽，畏首畏尾。如果他能夠有自信，並且果斷地採取行動，那麼他將是一個諾貝爾生物學獎的獲得者。但正是他的悲觀主義和自卑的心理，造成了他注定失敗的命運。如果不是因爲他的自卑，那麼我們今天熟悉的雙螺旋結構，將會以弗蘭克林冠名。

其實每個人都有自卑感，只是程度不同而已。人們對改進現狀的追求是永無止境的，因爲人類的需要是永無止境的。但因爲人類無法超越宇宙、跨越時空，無法擺脫自然的束縛，因此就產生了自卑。從哲學角度講，人產生自卑是自然而然的。不過，對於具體的個人而言，產生自卑則可能是有條件的。個體對自己的認識往往依賴外部環境的反映和別人的評價，這個原因早已被心理學所證實。比如一個畫家，對自己很有信心，但是如果每個和他接觸的人都說他畫得不好，他肯定會產生自卑的心理。作爲一個自信的人，他能夠克服自卑、超越自卑，他能夠合理地調節心理承受力，成功地做好事情。

強者並不是天生的，他也並不是沒有軟弱的時候。強者之所以強，是由於他能更好地認清自己，客觀地評價自己，他們能夠戰勝自卑。每個人的自卑程度不同，克服和超越的程度也不同，所以成就的事業也就不同。所謂的成就也就是揚長避短，盡力而為的結果。即使沒有成功，只要你盡力了，充分發揮了自己的才智，你就享受了成功的人生！

隨時激勵自己

不可否認，在事業上拚搏，如同在海上航行，再集中精力的水手也會有疲憊的時候，一不留神，大浪打來就偏離了航線。

工作中，我們難免會出現倦怠，也會遭遇挫折，在這種情況下，最需要的就是打起精神，讓自己的航線不偏離軌道，最終到達事業成功的目的地。

很多人都和我講過，當他們剛剛步入工作崗位的日子裡，充滿無窮的動力，想要在事業上有所成就。但是隨著時間的推移，這種動力逐漸減弱，甚至是消失殆盡。人們往往再也無法找回剛工作時的那種專注和熱情，把追求事業成功當做可有可無的事，命運的曲線沒有任何增長，事業也停步不前。

無論是寶馬還是法拉利，如果油箱不能及時補充汽油進來，喪失了動力也無法繼續前行。工作也是如此，我們也需要不斷添加燃料，不斷獲取源源不斷的動力，否則我們也會像沒有汽油的汽車一樣停在路邊，無論你在別人看來是名車也好，普通車也好。

如果你的油箱沒有油了，就趕快加滿它，千萬不要有一時的鬆懈。你一定要充滿自信，不斷自我激勵，才能讓你獲得源源不斷的動力。

或許你會問，激勵的力量到底有多大呢？

幾年前，美國《商業週刊》雜誌，對美國前五百家大企業的領導者作了一次調查研究，發現這些人身上的第一個共同點是：他們都重視自我激勵。他們有的把激勵自己的話錄成磁帶；有的抄在小本子上隨身攜帶；有的寫在紙上張貼在自己視線所及的地方；有的每天花幾分鐘的時間，面對鏡子反覆朗誦那些令人振奮、令人自信的語句。他們就是這樣來激勵自己，走向成功的。

人的一生不可能都是掌聲、鮮花，誰都會經受挫折時的悲觀，委屈時的苦惱，選擇時的彷徨，即使已經獲得巨大成功的人也無一例外。「人在進退維谷的境地或是心海迷茫的當口最容易消沉」，這時一句鼓勵和讚賞的話，往往就能改變一個人的命運。

有個年輕人被判終身監禁，失去了活下去的勇氣，在結束自己的生命之前，監獄長找他談話。

監獄長問他：「你在這個世界上最喜歡的人是誰？」

年輕人搖了搖頭。

監獄長又問：「那麼你最喜歡的事是什麼？」

年輕人又搖了搖頭。

監獄長接著問：「那麼在你心裡有沒有一句最受到鼓舞的話？」

年輕人仍然搖搖頭。

監獄長臨了說：「你回去想想，在這二十幾年裡難道就沒有一句使你受鼓舞的話？等你想出後，再來告訴我。」

年輕人想了很久，總算搜索到半句，那是中學裡一位美術老師說的。一次當他將一幅惡作劇的塗鴉習作交給老師時，老師說：「你畫了些什麼？不過色彩倒還很漂亮。」年輕人把這半句話告訴了監獄長，監獄長讓他每天早晚唸唸這半句鼓勵的話。

從此這半句鼓勵的話，喚醒了深藏在他內心的靈性，最後他不但活了下來，還成了一名畫家。

半句激勵的話能改變一個人，這絕非誇大其詞。因爲語言本身具有左右潛意識的驚人力量，而潛意識的強大能量，又可以把被指令的所有事情變爲現實。

如果你在接受一項新的任務時，張口閉口說：「這太難了！我辦不到。」當你每說一次，就是給自己一次難以完成的暗示，這樣的暗示將「太難了」一遍又一遍深深地刻到自己的潛意識裡，潛意識便自然處於無法進行的狀態之中。

我碰見過這麼一個人，他是二十世紀六〇年代的大學生。公司安排工作時，他總是說：「我怕做不好。」提拔重用他時，他總是說：「我沒這個本事。」他老婆說：「他從來就沒對自己說過一句好聽的話。」他活得很痛苦，很窩囊，不是沒有知識，也不是運氣不好，而是消極的暗示，把他推到了倒霉的一邊去。你想想，這個人活得多沒意思，多沒勁！一個人不會用睿智的心語去激發自己的潛能時，便失去了生命賦予自己的精神財富。

一九四九年，一位二十四歲的年輕人，充滿自信地走進美國通用汽車公司，應聘做會計工作，他只是爲了父親曾說過的「通用汽車公司是一家經營良好的公司」，並建議他去看一看。

在應試時，他的自信使助理會計檢察官印象十分深刻。當時只有一個空缺，而面試官告訴他，那個職位十分艱苦難當，一個新手可能很難應付得來，但他當時只有一個念頭，即進入通用汽車公司，展現他足以勝任的能力與超人的規劃能力。

當面試官在僱用這位年輕人之後，曾對他的秘書說過：「我剛剛僱用一個想成爲通用汽車公司董事長的人！」

這位年輕人就是從一九八一年到現在一直出任通用汽車董事長的羅傑·史密斯。

羅傑剛進公司的第一位朋友阿特·韋斯特回憶說：「合作的一個月中，羅傑一本正經地告訴我，他將來要成爲通用的總裁。」

高度的自我激勵，指示他要永遠朝成功邁進，也是引導他經由財務階梯登上董事長的法寶。

我們每個人的身上都隱藏著無窮的潛能，有如一位沉睡的「巨人」，等待我們用睿智的心語去喚醒他。誰能喚醒他，誰就能在逆境中有希望，危難時不悲傷，失敗時有韌勁，迷路時不彷徨。誰能喚醒他，誰就能確立遠大目標，創造輝煌。

突破思維的定式

人的思維受阻，往往是太遵守常規和邏輯，總是太墨守成規，害怕觸犯規則，不敢越雷池一步，把自己的觀念與思維囚禁在舊模式的框架中。

有這樣一個小故事：

有一天，一個美國人的兒子從幼稚園回來，鄭重其事地拿出水果刀和一隻蘋果，說：「您知道蘋果裡藏著什麼嗎？」

做父親的不以爲意：「除了果核還能有什麼？」

兒子就把蘋果橫切成兩半，興奮地說：「看哪，裡面有一顆星星。」果然，蘋果切面顯示出一個清晰的「五角星」圖案。這位美國人沉默了，他已吃過多少蘋果，卻從未發現蘋果裡還有「星星」這樣一個秘密。

這個故事可以讓我們領悟到一個道理：只有敢於突破思維定式，才會有質的飛躍和創造性的發現。突破思維定式，我們才可以取得成功，才會有創新的思維，在工作、學習和生活中我們才能夠得到巨大的利益，才能夠不斷地走向成功。

突破思維定式，勇於出奇制勝，必將有助於開創事業，從而取得巨大的經濟效益。據載，足球鞋早在一八九五年就製造出來了，當時每雙重五百八十五克。直到二十世紀五〇年代愛迪達公司對此作了專門研究，發現鞋重與運動員體力消耗關係成正比，從而限制了足球業的突破。而鞋重減不下來主要是因爲始終保留了金屬鞋頭。於是他們大膽摒棄金屬鞋頭，設計出重量僅爲原來一半的足球鞋。新產品一投放市場，就深受青睞，供不應求。那麼愛迪達成功的原因是什麼呢?就是因爲它突破了人們頭腦中無形的思維框架：鞋重無足輕重。打破了習慣性思維的束縛，也就領先一步，創造性地解決了問題，迅速佔領了市場。這對於今天我們企業求創新、求發展是很好的借鑑。

突破思維定式，善於獨闢蹊徑，同樣會在學習中提高效率，取得事半功倍的效果。比如，從一加到一百，怎麼算?老老實實「一加二加三…加一百」的演算，當然也能得出結果，但有沒有簡便方法呢？只要動一下腦筋就不難發現其中有五十個一百零一，這樣很快就準確地算出答案是五千零五十了。所以，我們解題時可以試用一些新的方法，它可能更簡便，更合理。在觀察問題時，不妨問一下自己：爲什麼是這樣的？原來就是這樣的嗎？將來又會怎樣？讀書時也不一定完全順著作者的思路走，可以想一下：有沒有相反的情況呢？有沒有作者未說明白的道理？這樣不斷獨立思考，逐步培養創造慾、探索慾，就能體會到創造的歡樂，提高學習的實效。

由於傳統力量和思維定式的作用，不少人容易對生活的各種現象習以爲常，從而不會去打破那些思維的定式。而我們只有時時刻刻樹立問題意識，這樣才能不斷有所發現，從而找到創新的入口，得到巨大的收穫，相信這些會比發現蘋果中的「星星」有價值得多。

在思考問題的過程中，毋庸置疑，人們的觀念、思維和認識往往會受到原有知識、經驗的影響。這些已知的東西，有時會使解決常規問題方便、快捷、準確、有效，但在面臨新問題、新矛盾時，原有的知識和經驗有時卻派不上用場，而當人們一直陷於那種思維中時，那些原有的知識和經驗，反而會成爲創新的羈絆和阻力，以至於使我們陷入思維誤區，陷入思維定式中，對新問題、新矛盾一籌莫展。

而人的思維受阻，往往是太遵守常規和邏輯，總是太墨守成規，害怕觸犯規則，不敢越雷池一步，把自己的觀念與思維囚禁在舊模式的框架中。正如法國生理學家貝爾納所說：「構成我們學習的最大障礙是已知的東西，而不是未知的東西。」如果哥白尼執著於托勒梅的「地心說」就不會有「日心說」的產生；如果伽利略迷信亞里士多德的「落體理論」，就不會有伽利略「落體學說」的誕生；如果愛因斯坦把自己框定在牛頓的經典力學框架中，就不會有「相對論」的問世。

因此，當我們陷於已有知識的束縛中時，如果我們能夠跳出框外，擺脫傳統習俗和經驗規則的約束，進行另一番思考，就會有一片更燦爛的天空，如同鳥兒飛離了鳥籠，飛船掙脫了引力……此時我們就可以突破思維定式，縱橫聯想，發散思維，進行創新，那麼我們就能無所而不至。

司馬光打破常規，用砸缸的方式成功地救出落水玩伴；哥倫布磕破蛋殼成功地把雞蛋豎在桌子上；美國小女孩橫切蘋果「意外」地發現神奇而美麗的五星圖案；香港一青年用刀劈開高爾丁死結頓然成爲百萬富翁；袁隆平不迷信科學界所謂雜交水稻是天方夜譚的定論，堅持進行水稻雜交試驗，最終研製出水稻的雜交品種，讓占世界人口四分之一的中國人塡飽了肚子，他也由此成爲「雜交水稻之父」……

所有的這些例子都說明了，只要我們敢於去打破常規，另辟思維的新徑，我們必然可以解決所遇到的所有問題，同時也可以讓我們不斷地去獲得進步，不斷地充實自己，不斷地對自己的腦子進行清洗，裝進許多新的東西，只有這樣，我們才可以不斷地朝成功邁去。

所謂的創新就是要學會放棄，突破常規，跳出框外去求新、求異、求變，放棄已知的東西，把心智的杯子空出來，好裝進新的東西，用全新的觀點新的角度去看待事物，那就是你自己獨有的，與眾不同的。

來咬我啊～嘿嘿！

Point 6

賤狗總是會在賤的方面推陳出新，難道你不會嗎？

被淘汰的人總是會找任何藉口

來交待自己的失敗，

卻不曾想過用行動來證明自己還能再成功，

這就是成功者與失敗者的分水嶺。

創新是成功的靈魂

你有多大的創新精神，你就可能有多大的成就，創新精神與成就大小成正比。

創新精神對一個人事業上的成功是多麼的重要！一個人要想成就一番大事業，沒有創新精神是不可能做到的。

創新是你事業成功的加速器，創新可以加速你事業成功的進程，換句話說，創新可以縮短你事業成功的時間。一個人的生命是短暫的，只有百十來年。爲什麼有的人在這短暫的生命之中創造出比別人更加輝煌的業績，而有的人奮鬥一生只是小有成就呢？還有的人更可憐，奮鬥一生一事無成，最後不得不慨歎謀事在人，成事在天。或者自我解嘲一下，我雖然沒有做出什麼事業，但我一生奮鬥了，我的一生仍然是無悔的。真的無悔嗎？我看不是。總結自己一生的奮鬥歷程時，你會發現有許多後悔的地方，那件事我要是那麼做，就成功了；那件事我怎麼就沒想到這麼做呢；那件事原來很簡單，我把它想得太複雜了。有的人說，我比別人只是差一點點。而這一點點你知道差在什麼地方嗎？差就差在人家有創新精神，你沒有或者缺乏創新精神。

都說登山拼的主要是體力和身體素質。這話應該說有一定的道理，但不全對，這裡面也有創新。好多人習慣沿著人們走過的老路往上登，沿著別人走過的路往上登有一個好處，那就是路熟好登。大家沿著同一條道路往上登，實際是比的就是體力，看誰的體力好、耐力強。而比體力比耐力何必去登什麼山呢，在平地也可以比啊。有的人則不同，他不走人們走過的路，而是另闢蹊徑，尋找一條雖然不太好走但是捷徑的路，最後是第一個登上了山峰。這就是創新精神。

歷史上楚漢相爭的時候，韓信明修棧道，暗度陳倉，就是一次絕妙的創新。如果他要真的是修棧道，那他不可能成功，一是棧道難修，不知何年何月才能修好，戰機不等人，機不可失，時不再來。二是章邯必有防備，人家以逸待勞，還不是有多少人消滅多少人啊。所以說明修棧道，暗度陳倉是韓信的一個大膽創新。

有一家效益相當好的大公司，決定進一步擴大經營規模，高薪招聘營銷主管。廣告一打出來，報名者雲集。

面對眾多應聘者，招聘工作的負責人說：「相馬不如賽馬。爲了能選拔出高素質的營銷人員，我們出一道實踐性的試題，就是想辦法把木梳賣給和尚。」

絕大多數應聘者感到困惑不解，甚至憤怒，出家人剃度爲僧，要木梳有何用?豈不是神經錯亂，拿人開玩笑?過一會兒，應聘者接連拂袖而去，幾乎散盡。最後只剩下三個應聘者：小尹、小石和小錢。

負責人對剩下的三個應聘者交代：「以十日爲限，屆時請各位將銷售成果向我報告。」

十日期到。

負責人問小尹：「賣出多少？」答：「一把。」

「怎麼賣的？」小尹講述了歷盡的辛苦，以及受到眾和尚的責罵和追打的委屈。好在下山途中遇到一個小和尚，一邊曬著太陽一邊使勁撓著又髒又厚的頭皮。小尹靈機一動，趕忙遞上了木梳，小和尚用後滿心歡喜，於是買下一把。

負責人又問小石：「賣出多少？」答：「十把。」「怎麼賣的？」小石說他去了一座名山古寺。由於山高風大，進香者的頭髮都被吹亂了。小石找到了寺院的住持說：「蓬頭垢面是對佛的不敬。應在每座廟的香案前放把木梳，供善男善女梳理鬢髮。」住持採納了小石的建議。那山共有十座廟，於是買下十把木梳。

負責人又問小錢：「賣出多少？」答：「一千把。」負責人驚問：「怎麼賣的？」

小錢說他到一個頗具盛名、香火極旺的深山寶剎，朝聖者如雲，施主絡繹不絕。小錢對住持說：「凡來進香朝拜者，多有一顆虔誠的心，寶剎應有所回贈，以做紀念，保佑其平安吉祥，鼓勵其多做善事。我有一批木梳，你的書法超群。可先刻上『積善梳』三個字，然後便可做贈品。」住持大喜，立即買下一千把木梳，並請小錢小住幾天，共同出席了首次贈送「積善梳」的儀式。得到「積善梳」的施主和香客，很是高興，一傳十，十傳百，朝聖者更多，香火也更旺。這還不算完，好戲跟在後頭。住持希望小錢再多賣一些不同款式的木梳，以便分層次地贈給各種類型的施主與香客。

木梳賣給和尚，聽起來荒誕不經。但梳子除了梳頭的實用功能，有無別的附加功能呢？在別人認爲不可能的地方開發出新的市場來，才是真正的營銷高手。

創新是從事前人沒有做過，或者前人做過而沒有獲得成功的事。如果我們創業不創新的話，只是跟著別人的屁股後面走，你也可能成功，但一定會花很多時間和成本。這種成功的機率很小，更多的是失敗。因爲在激烈的市場競爭中，你不能迅速壯大起來，馬上就會被別人吃掉。

沒有創新的世界是不可想像的世界。假如人類沒有了創新，這個世界該是

多麼乏味多麼寂寞，我們將失去更美好的追求。創新是一種永恆，不僅是一個永恆的話題，更是一種永恆的追求。創造性思想，雖是星星之火，但可以燎原。我們要駕馭思想的野馬奔馳，創造美好世界的明天。當我們駕馬起程時，我們不應該去墨守成規，亦步亦趨，而需要跨上一匹敢於開拓、致力改革的野馬，去創造世界發達的明天。

從錯誤中學習

踏實不等於單純的恭順忍讓。沒有一種機會可以讓你看到未來的成敗，人生的妙處也在於此。不透過拚搏得到的成功就像一開始就知道真正兇手的懸案電影般索然無味。

選擇是一個機會，不可否認會有失敗的可能。將機會和自己的能力對比，合適的緊緊抓住，不合適的學會放棄。用明智的態度對待機會，也是用明智的態度對待人生。

每一次你都要鼓起勇氣從最低處堅持著走出來，沒有一次次的低谷，換不來更高處的清風撲面。「踏實」不是護身符，可以與錯誤困難絕緣。每個人都可以犯錯誤，但是要從錯誤中學習，而不是一味地摔跟頭。並非摔得越多，成長得越快。

一八七六年，一位二十來歲的年輕人隻身來到芝加哥，他一無學歷，二無特長，爲了生存，只好幫商店賣起了肥皂。後來，他發現發酵粉利潤高，立即投入老本購進了一批發酵粉。結果他犯了一個天大的錯誤，當地做發酵粉生意的遠比賣肥皂的多，自己根本不是他們的競爭對手。

眼看著發酵粉若不及時處置，將會損失巨大，年輕人一咬牙，決定將錯就錯，索性將身邊僅有的兩大箱口香糖貢獻出來，凡來本店惠顧的客戶，每買一包發酵粉，都可獲贈兩包口香糖。很快，他手中的發酵粉處理一空。

後來，他覺得口香糖市場前景很好，自己辦起了口香糖廠，但在當時市場上的口香糖有十幾種，自己毫無優勢，一下子又陷入了困境。怎麼辦，又要面臨破產的危險。

他靈機一動，想出了一個更爲冒險的招數，搜集全美各地的電話簿，然後按照上面的地址，給每人寄去四塊口香糖和一份意見表。這些信和口香糖幾乎耗光了這個年輕人所有的家當，但與此同時，幾乎一夜之間，他的口香糖風靡全國，年銷售量九十億條。

這位年輕人就是一錯再錯，錯中求勝的美國「箭牌」口香糖創始人威廉・瑞格理。

這個故事告訴我們，錯誤並不可怕，可怕的是犯錯誤的出發點不對，以及當錯誤來臨時的消極態度。瑞格理第一次犯錯如果不想出以口香糖爲贈品的方法，第二次犯錯不想出免費品嚐的怪招，每一次都不會逃脫失敗的下場。

所以，如果犯了錯誤，就要正確面對，並想方法處理，也會有意想不到的效果，甚至一步把你送上成功的巔峰。錯誤並不可怕，可怕的是我們對待錯誤的心境。錯誤使我們失敗，同樣也可能使我們成功。

英國詩人雪萊曾經說過：「春天雖然來得晚，但它一定會來！」獲得成功的主客觀因素很多，但是腳踏實地地工作卻是其中最主要的條件；只要不輕言放棄，勇敢改進犯過的錯誤，你終究可以爲自己找到成功的道路。

迪克九歲的時候就已經開始工作了，他和父親一起趕著兩頭瞎了眼的騾子，在北卡羅來納州的各地販賣貨物。

年輕的迪克拉著騾子，徒步走著，嘴裡嚼著煙草。以他這樣的境況，有誰料得到，這個窮孩子會在幾年之後創立美國煙草公司，執全美煙草界的牛耳？

有一天，迪克遇見一個賣煙卷的老朋友，彼此寒暄了一番，說起自己的近況，那位朋友說：「我和太太兩個人，只開了兩家店就累得不行了，你居然開了兩千家店，那真是天大的錯誤啊，迪克。」

「錯誤？」迪克不以為然地回答，「是嗎？雖然我經常犯錯，但做錯了就把問題找出來，然後再加倍努力去做，只要不懈怠下來，我就能從中不斷地學習改進，得到更大的成就。」

迪克不怕犯錯、永不退縮的態度，以及他零售聯營的經營方式，使他每週都有一千萬美元的收入，最後更讓他有機會以一億美金創立了迪克大學。

迪克的成功之道，在於他不怕犯錯，也不怕失敗，更不會因為錯誤的經驗停頓下來。他勇敢面對錯誤，並更加努力地將錯誤挽回，所以才能贏得更大的成功。

人們難免會犯錯，當你犯錯的時候，是想盡辦法推卸責任，還是從錯誤中找到解決的方法？用正確的態度去面對，並找出犯錯的原因和問題所在，如此才能避免重蹈覆轍，讓每一個錯誤都成爲你成功的開始。錯誤就好像病毒，能避免是最好的。

病毒在讓你生病的同時，也會提高自身的免疫力。而且，醫學報告表明，那些發生病變的器官比正常的器官更顯強壯。這也正像犯錯誤。能夠避免犯錯誤的人是聰明人，能夠避免類似錯誤的人也是聰明人。

在美國喬治亞州的亞特蘭大市，有一名叫約翰．潘博頓（John Pemberton）的藥劑師。在一八八六年五月的一天，他在自家的院子裡做實驗，準備研製一種能夠起到陣痛和提神功能的頭疼藥，但是結果並不理想，他的「獨門配方」可能在治療陣痛方面沒有什麼功效。

然而潘博頓卻覺得藥水的味道非常特別，於是他將這種液體帶到藥房，指示他的助理魏納伯往其中倒入一些糖漿和水，然後添加些冰塊，他倆嘗過後覺得味道好極了。

正當他要倒第二杯的時候，魏納伯不小心加錯了水，他加的不是普通的水，而是含有二氧化碳的蘇打水。沒想到，他們倆更喜歡這種味道。

所以，他們決定不以「感冒糖漿」來命名這種液體，而是把它當做一般的解渴飲料來銷售。他們給這種飲料取名為「可口可樂」。

一八八六年，可口可樂平均每天賣出九瓶。根據可口可樂公司的紀錄，潘博頓在第一年僅賣出相當於二十五加侖的飲料，賺了五十美元，卻花了七十三點九六美元做廣告。

在當時看來，這個營銷策略非常失敗，簡直是入不敷出。然而今天，全世界一百五十五個國家的顧客，平均每天要喝掉三點九三億瓶可口可樂。當初想要治療頭疼的藥劑，卻變成了全世界最受歡迎的飲料之一。

誰能料到經歷了兩次錯誤的感冒糖漿，最後卻成了全世界最受歡迎的飲料之一？潘博頓是一個藥劑師，他的目的是製造感冒糖漿，其實他可以在第一次失敗的時候，就放棄一切努力，一個藥劑師為什麼要去研究飲料呢？以常人的眼光來看是絕對不符合邏輯的，但如果按照這個邏輯，那麼可口可樂就不會誕生了。

朗根尼西說：「不要給我忠告，讓我自己去犯錯誤。」就讓我們踏著錯誤之路，一步步走向成功吧！錯誤的實踐，給我們以經驗，給我們教訓。使我們的天空中亮起了一顆啓明星，指引我們前進的道路。

也許，每當我們想起那個紙上談兵的傢伙，我們都會暗暗發笑。沒有犯過錯誤的他又何來的經驗呢？他只能誇誇其談罷了，最終只能是一敗塗地。但是如果上天沒有讓他在那次戰役中死去，那也許後來的趙括將是一名善戰的大將。以爲錯誤的歷史是不可估量的，它讓人振奮，讓人覺醒，讓人在黑暗中找到希望的曙光。

閉關鎖國的政策所犯的錯誤可謂前無古人，後無來者。但是當人們認識到這個錯誤時，這個錯誤卻引領著中國人民走向改革開放。如果沒有這個錯誤，也許中國還在封建的清朝，也許國人也並未因此而發奮，是這個錯誤鋪就了祖國興旺發達，繁榮昌盛的道路，鋪就了改革開放，開拓進取的道路。

人生的命運如同國家的命運一樣，充滿坎坷，犯錯誤在所難免，我們要認識錯誤，改正錯誤，讓錯誤成爲鋪路的基石，鋪就我們走向成功的道路。

你看見過倒地的大象嗎？大象幾乎是以站立、行走或者奔跑的姿態示人。但是它也會生病。這種時候，大象也要保持站立的姿態。為什麼？大象的巨大體重決定了這一切。一旦它倒下來，巨大的內臟會互相擠壓，再加上本身的重量，將會使自身受到更大的傷害。所以，除非到了生命的終結，大象是不會倒下的。請你也堅持正視錯誤，或許一秒鐘之後，就會柳暗花明。

踏實為成功打下堅實的基礎

當麥田裡的苗兒長成麥穗時，你可曾想過，這金色果實背後樸實而黝黑的面龐？當稚氣未脫的孩子即將帶著喜悅邁入象牙塔時，你可曾想過，他們的成功背後又蘊涵著怎樣的艱辛與付出？

踏實是年復一年的堅韌與恬淡，踏實是滴水穿石的耐力與不捨。沒有踏實，何談成功？冰心曾寫過一首小詩：「成功之花，人們往往驚羨它現時的明艷，然而當初它的芽兒，滲透了奮鬥的淚泉，灑滿了犧牲的血雨。」她用花兒的鏗鏘，詮釋了踏實與成功的聯繫。

「踏實」言喻了科學家的嚴謹和犧牲。王選教授在研發激光照排技術的十八年間，幾乎拋棄了所有雙休和節假日，將自己百分之百投入到學術研究中。當中國報紙百分之九十九都用上北大開創的激光照排技術時，他收穫的是由衷的滿足與欣慰。同樣難忘的，還有那躬身培育雜交水稻的袁隆平以及因肌肉萎縮長年困在輪椅上的「當代愛因斯坦」——霍金。

「踏實」言喻了運動員的汗水與付出。四度參加奧運會卻三次遭遇不公的跳水運動員熊倪，賽程中扭傷腳卻堅持到最後的埃塞俄比亞馬拉松賽跑選手，哪一個不以其踏實的精神面對成功旅途的挫折？他們沉默地付出，同樣贏得了眾人的喝彩。

踏實更是每一個普通勞動者的默默無聞和無私奉獻。踏實是一種不顯山露水的執著，是一種不畏懼風雨的堅忍，是一種不圖名利的忠誠。生命的本質是奮鬥而不是索取，只有擁有踏實，才能把握成功。

每一個人都有他自己的生長季節。很多人都已注意到了李嘉誠的幸運、天時、地利等。也如很多人注意到的，儘管每一代人都有可重複性，但李嘉誠卻是空前絕後的。李嘉誠大概是香港市場諸多巨富中少有的出身貧寒者，少有的常青樹，在市場和管理的各個領域和各個層面都成功過的佼佼者。

可能用踏實形容李嘉誠並不恰當，但從一個連小學文憑都沒有的學徒，到亞洲首富，必定是一步一個腳印走過來的。

想必，許多朋友聽到過下面這則故事：

一日，所羅門王在麥田對一個女孩說：「你把麥田裡最大的麥穗幫我選出來，我會賞給你一件最貴重的禮物。」

小女孩說：「這太容易了！」

所羅門王補充說：「但我們還要有一個約定，那就是你必須一直向前走，不能後退，不允許停，你選擇的麥穗越大，我賞你的禮物越貴重。」

一路上，小女孩總是嫌所看見的麥穗太小，結果，當她從麥田走出來的時候，一棵麥穗也沒有選到，一件禮物也沒有得到。

這則簡單的故事告訴了我們一個深刻的道理。這也好比剛剛踏入社會的人，尤其是一些知名大學的畢業生，總是以「天之驕子」自居，心氣比天還高。選擇職業，這山望著那山高，只看到了鑲著金邊的學歷，卻忽視自己缺乏實際經驗的缺點。進入職場，聽不得半點批評，受不了任何委屈，更是沒有勇氣面對工作中的失誤。

沒有得到期望的重視，一氣之下，辭職離去。就這樣，幾年折騰下來，同學或同齡人大多具有了獨當一面的工作能力，而他，空空的兩手，不是一個又一個公司的匆匆過客，就是人才市場臉熟的常客。

好高騖遠，這是許多初涉社會的人的通病。他們總自以爲是地認爲是金子總要發光，是良駒總會遇到慧眼的伯樂。平時，習慣性語言總是：

「我認爲怎樣怎樣……」

「換作我會如何如何……」

躊躇滿志卻傲睨自恃。「懷才不遇」的他，也只能把頻繁的跳槽當做家常便飯。雖然許多企業希望聘用一些具有豐富閱歷的人才，但是，蜻蜓點水式的「輝煌」經歷，任何一位主考官也不得不在他的簡歷上畫上一個大大的問號！我想，很少有哪個公司會欣賞一個以跳槽當常事的行家。

即便他進入某家公司，也會給主管留有一個不良的印象。因此，他很難得到重用，經常地，他被安排在不受重視的部門跑腿打雜；經常地，他被排除在培訓人員名單之外。對於渴望能幹一番事業的人來說，不被重視，發展空間又小，自己的價值又無法表現，定會倍感失意。於是，只得又一次抱憾離開。

瞭解生物學的人都知道，毛蟲要想成爲蝴蝶，首先要有破繭成蝶的勇氣，還要能忍受破繭掙扎時的痛苦，還必須要有依靠自己努力的堅韌與信心，也正是由於小小繭口痛苦的擠壓，才使得蝴蝶完備了翅翼的功能，只有這樣，它才會振翅高飛。

蝴蝶的破繭過程也類似於明朝吳承恩先生的一句名言：「不受苦中苦，難爲人上人。」這話雖然充滿封建主義色彩，但至少給了我們一個啓示：人，要想獲得成功，只有去接受艱難的磨煉，去承受起步時的痛苦，要憑藉自己的努力與持之以恆的信念，腳踏實地，任勞任怨，凡事以誠相對。

同時，還要能承受他人無端的批評與指責，甚至代人受過。正是如此，他才會爲自己累積寶貴的經驗，累積珍貴的財富，爲自己的成功打下堅實的基礎。

也許，你沒有名校文憑，也不是熱門專業，不過，只要你有良好的心態，待人接物均表「誠」的態度，不要斤斤計較，更不要睚眥必報，就一定能贏得別人的稱讚，也能得到別人的幫助與尊重，一樣可以抓住機遇成功實現鯉魚跳出龍門的一躍。

在不斷發展的經濟社會中，人們的價值取向和行為方式發生了很大的變化，怎樣做人的問題也更為突出。但是，不管歷史條件和社會環境如何變化，修心修人修自己，這永遠是為人之本與處世之道。老老實實做人，踏踏實實做事的原則是人生永遠恪守的真諦！

成功的機會送給踏實的人

踏實地做不代表錯失良機。你年輕聰明、壯志凌雲。你不想庸庸碌碌地了此一生，渴望聲名、財富和權力。

「窗前明月光，疑是地上霜。舉頭望明月，我叫郭德綱。」一首定場詩帶來了一位非著名相聲演員，這名非著名相聲演員的出現引起了相聲界的振興，相聲的振興產生了「保綱派」和「倒綱派」，不禁使人發問：真正的相聲是低俗的草根文學，還是高雅的諷刺藝術？「傳統相聲」與「草根文學」就像「經典老歌」與「流行歌曲」一樣，前者擁有更高的藝術性，而後者擁有更廣泛的觀眾群。

「草根文學」也許是郭德綱相聲的最大特點。郭德剛對於下層人的生活有深刻的體驗和研究，所以他刻畫的小人物惟妙惟肖，形神兼備。

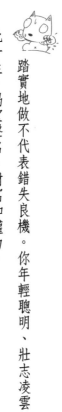

這是郭德綱的獨特風格。他的相聲取悅的不是政要而是百姓，正如他所說的「百姓才是他的衣食父母」。郭先生另外一大特點就是不惜力，在台上為了觀眾非常賣力，不像某些大牌弄個破節目，還出工不出力糊弄觀眾，暗中安排人帶著鼓掌。

郭德綱的成名也並非「平地一聲雷，陡然而富」。他是八歲開始學評書，九歲相聲啓蒙，然後從曲藝團、文化館一路走來。京城漂泊十年，郭德綱和所有的「北漂」一樣經歷過艱難的闖蕩。

他始終把自己放在小人物的狀態尋找快樂，他的包袱大多來自生活；他的成名恰恰是命運對他的艱苦奮鬥的一種回饋，他的相聲因了他的人生閱歷和文化功底而贏得觀眾的迷戀。他精通包括評書、大鼓、京劇、評劇、河北梆子等在內的各種曲藝表演形式，這足以見證了他在默默奮鬥的那些年裡所付出的努力。

郭德綱的相聲給我們帶來了快樂，更給我們帶來了一個啓示：踏實肯幹，腳踏實地，才是成功的關鍵。

你常常抱怨：那個著名的蘋果爲什麼不是掉在你的頭上？那只藏著「老子珠」的巨貝怎麼就產在巴拉旺而不是在你常去游泳的海灣？拿破崙能碰上約瑟芬，而英俊高大的你總沒有人垂青？

但是，掉下一個蘋果的時候，你把它吃了。你閒逛時被碩大無比的卡裡南鑽石絆倒，可是你爬起後，卻可能怒氣沖天地將它一腳踢下陰溝，最後你像拿破崙一樣，先是被抓進監獄，撤掉將軍官職，被趕出軍隊，然後身無分文的你被拋到塞納河邊。就在約瑟芬駕著馬車匆匆趕向河邊時，遠遠地聽到「撲通」一聲，你投河自盡了。你缺少的僅僅是機會嗎？

有個叫艾倫的孩子，九歲時，在他祖父的農場裡有了他的第一份工作——赤手去撿牧場上的牛糞餅。一般的孩子都嫌這工作髒，不願做，艾倫卻做得好極了。由於他撿牛糞餅表現得出色，祖父給了他一份嚮往已久的工作——放牧馬匹，這件事深深地影響了小艾倫，使他堅信：手頭的工作無論多麼平凡，只要踏踏實實地做，就有機會。

長大後，他從每個星期賺一美元的肉鋪幫工做起，這份工作雖然又累又髒，但是，他又做得很出色，因爲他一直沒有改變他的人生信條：踏實去做，就有機會。

果然，後來他成爲每星期五十美元的美聯社記者。

再後來，他成爲年薪一百多萬美元的首席執行官。

最後，他成爲美國閱讀面最廣的報紙《今日美國》的總編輯。

艾倫的人生信條告訴我們：最要緊的是把我們眼前的工作做好，不論眼前的工作多麼的普通，做好了，平凡的工作，也能成爲我們晉陞的階梯。

機遇不是一個溫文爾雅的來客，它並不戴著白領帶，穿著燕尾服，頭頂高帽，在彼此約定的時候，來登門拜訪。它是一個身體光溜溜的裸跑者。當它跑過你的時候，你必須眼明手快，反應敏捷，迅速地抓住它。

生活中有太多人所缺少的，就是這斷然一擊的氣魄和能力。遭受了很多磨難，吃了不少苦頭，做了足夠的準備，可是在即將再邁出一步就成功的時候，卻退卻不前了，於是就與成功擦身而過了。

「踏實」不代表木訥的頭腦和缺少競爭意識，相反它對這些提出了更高的要求。

記得為機會開門，踏實的人不是被動的人。在通往成功的道路上，每一次機會都會輕輕地敲你的門。不要等待機會去為你開門，因為門閂在你自己這一面。機會也不會跑過來說「你好」，它只是告訴你「站起來，向前走」。要善於發現機會。很多的機會好像蒙塵的珍珠，讓人無法一眼看清它華麗珍貴的本質。踏實的人並不是一味等待的人，要學會為機會拭去障眼的灰塵，也要善於把握機會。

明確目標，繼而踏實地追求

有時候，找到方向遠比努力奮鬥更重要。

腳踏實地不僅僅是爲了一步步地前進，而是不斷地實現目標，進一步創造目標。

沒有方向感，我們就不知道自己走向哪裡。沒有方向感，我們所有的努力就缺乏一個標準，我們每時每刻所有的努力都處在一種混沌與盲目的狀態之中：沒有對錯、沒有進退、沒有成敗得失。我們很難判斷哪些對未來而言是有意義的事情，更別說掌控自己的命運。這樣的人生，對我們只能是一場噩夢！

走過歲月，人們回首往事，每每爲自己當初的一些選擇倍加惋惜。他們總是拍著頭髮漸疏的腦袋慨歎：「如果當時我要那樣做就好了！」

在美國的民間，曾經留傳這樣一個故事：

瓊斯，西部一個富裕的農場主的兒子。有一天，他正往鎮子裡去辦點兒事情。走著走著，他看到一個人正打算將一塊木板釘在樹上。瓊斯便走過去，準備幫他一把。

「我們應該先把木板頭子鋸掉，然後再釘上去。」於是，瓊斯跑回去把鋸子拿來。但是，還沒有鋸到兩三下，他就停下手了，因爲鋸齒已經磨鈍了，必須銼快些。於是他又去找來一把銼刀。

但他很快發現，銼刀實在太難使了，必須先安一個順手的手柄。於是，他又去灌木叢中尋找粗細合適的小樹枝。砍樹又需要斧頭，又得先磨快斧頭。磨快斧頭必須要將磨石固定好，這又免不了要製作支撐磨石的木條。製作木條少不了木匠用的長凳，可是這沒有一套齊全的工具是不行的。

於是，瓊斯回農場去找他所需要的工具。但直到天黑他也沒有走回來，因爲爲了找到工具，他必須先解決許多事情。

這件事情在他十八歲那年發生，不過也從某種意義上預示了他未來的人生道路。

在學生時代，瓊斯無論學什麼都是半途而廢。他曾經廢寢忘食地攻讀法語，但他很快發現，要真正掌握法語，必須首先對古法語有透徹的瞭解。而要學好古法語，沒有對拉丁語的全面掌握和理解是絕不可能的。

但是，很快瓊斯就發現，掌握拉丁語的唯一途徑是學習梵文。於是，他便開始學習梵文，但是直到五十多歲的時候，他還沒有學好梵文。

瓊斯學習上的失敗並沒有從根本上改變他的生活，因爲他的父親爲他留下了好幾處農場。他把這些農場賣掉，得到十萬美元，投資辦了一家煤球廠。但是，剛開始投產，煤球所需的煤炭價格就迅速上漲，這樣他幾乎沒有任何利潤可言。於是，他以八萬美元的價格把煤球廠轉讓出去，開辦起煤礦來。但是，剛接手煤礦，他就發現採礦機械的耗費實在驚人。瓊斯感到那些機器每天都在吞噬自己的錢。他轉念一想，何不製造煤礦機器？於是，他又把煤礦轉手，得到七萬美元，開始進入煤礦機器製造業。接下來的十幾年中，他繼續像一隻青蛙一樣在各種行業裡不停地跳來跳去。

瓊斯年輕時談過好幾次戀愛，但每一次都無疾而終。他曾對一位女孩一見鍾情，十分坦率地向她表露了心意。爲了提高自己的文化素養，他立即報名去一所星期日學校裡學習，但只上了半月的課，他就逃掉了。後來，當他認爲自己已經爲結婚做好了充分的準備時，那位女孩已經嫁人了。

時隔不久，他又如癡如醉地愛上了一位迷人的女孩。可是，當他登門拜訪女孩家時，卻喜歡上了這個女孩的妹妹。在與這位妹妹的交往中，他又迷上了更小的妹妹——結果可想而知，三姐妹他一個也沒談成。

隨著不停地跳來跳去，瓊斯的情況越來越糟。當他賣掉最後一點產業後，只剩下六千美元了。他用這筆錢買了一份逐年支取的終生年金。不過，隨著時間的推移，他支取的金額將會逐年減少。因此如果他活得太久的話，他難免有一天會挨餓。

瓊斯始終都在來回搖擺、跳來跳去。因爲他從來都沒有一個明確的目標：我究竟要幹些什麼？這樣的人，永遠都不會有成功的一天。

迷惘不是停滯不前的藉口，更不是祭拜失意的苦酒。生命需要自己去承擔，命運更需要自己去把握。我們越早找到自己人生的方向，越早走出青春的迷惘，就越容易在人生的道路上做得成功，走向輝煌。否則，東一鎯頭，西一棒槌，漫無目的地蠻幹，永遠都成不了事。

爲了追求更高的追求，我們當然可以適當地改變自己的工作和行業。但是，我們的心中一定要有一個清晰的意識：我們的核心目標是什麼？我們一切的所作所爲都必須圍繞這個目標展開。

在每次改變之前，我們必須明白自己的目的是什麼，明白自己爲什麼而變，爲什麼不變，堅持什麼，放棄什麼。否則的話，我們就只能是亂變一氣，結果只能是越變越暈，越暈越變，越變越累，直到累得再也變不動了。那時，我們的青春年華也耗費得差不多了。

因此，面對眾多的訊息，面對這樣那樣的挑戰、花花綠綠的誘惑，我們必須時刻有一個清醒的意識，時刻牢牢地把握著自己的核心目標。只有這樣，我們才能找到工作的重心、生活的重心。

不管我們當前是在做什麼，不管我們將來打算做什麼或者不做什麼，我們都要給自己一個充分的理由：爲什麼這樣做？

面對選擇，我們的內心一定要明確，我們奮鬥的核心目標是什麼？我們現在做的這一切是否有利於自己的目標實現？

緊緊圍繞自己奮鬥的核心目標展開工作，根據自己的目標來決定取捨、判斷得失，我們才能保證每一步都朝著正確的方向，都有積極的意義，才能胸有成竹，不斷地向目標邁進！假如你有的只是一個很長遠的計劃，那麼不妨用長跑中經常使用的「分段法」。也就是說，把很長的距離分成幾個小段，每一段都有一個標誌性的事物，可以是一份報告的問世，也可以是設計圖的完成，哪怕僅僅是爲後花園增添了一種花，也是在成功路上留下的腳印。

如果你在一個行業裡踏踏實實做上十年二十年，那麼你一定能夠在這一行業裡成為佼佼者。同樣道理，如果你數十年如一日，始終不渝地把工作的重心放在自己的核心目標之上，那麼遲早有一天你會成功實現自己的目標。

踏實的人生最美麗

這是一個魔術般的時代，也是一個產生神話的時代。

浙江東陽一個二十六歲的普通女子吳英，幾乎是一夜之間成了擁有三十八億財產的大陸第六女富豪，並成爲新聞追逐的焦點。她出手闊綽，一擲萬金，坐著價值三百七十五萬的法拉利，儼然一位成功人士。而五六年前的她，還是一個剛畢業找不到飯碗的農家窮學生。可是她的出場和謝幕都是如此令人瞠目，最終她涉嫌非法吸收公眾存款被刑事拘留。轉瞬間，女富豪變成了女囚徒。整個過程，好似一場黃粱美夢。

我想，現在的吳英不會再有人羨慕。誰會去羨慕一個將在牢獄度過人生最美好時光的囚徒呢？但是，在一年前，甚至幾個月前，這個年輕而漂亮的女富豪不知是多少人嚮往的偶像。成爲她那樣的風光的人，是多少人的夢想啊。

不可否認，人生中確有一些成功的機遇。在這個世界上，也確有一夜成名、一日暴富者。但是，那樣的機遇畢竟不是每一個人都能碰到，那些瞬間成功者也畢竟寥寥無幾。對我們許多來人來說，人生的道路其實還是普普通通的。遙遠漫長，坎坎坷坷，並非鋪滿鮮花。不想付出艱苦的努力，不想經過曲折過程，而幻想一步登天，往往是不切實際的。

一個人追求財富、渴望成功、嚮往大紅大紫的人生，也許都沒有錯。但是，不能急功近利，心理浮躁，也不能把這一切當做人生的唯一目標。實際上，平凡之中有不平凡，成功的「質變」往往就是在這日復一日、年復一年的普通生活的「量變」中實現的。

空缺了兩年的中國國家自然科學獎一等獎就頒發給了一群不浮不躁、甘於寂寞的中國科學家——南京大學固體微結構實驗室的閔乃本、朱永元、祝世寧、陸亞林以及陸延青五位教授。從一九八六年至二〇〇五年，整整十九年，他們埋頭於介電體超晶格的研究，不斷追求和創新，使一個冷門學科發展成了熱門領域。而且，在這個領域，中國科學家引領了世界最先進水準。這十九年，他們沒有薪水、沒有週末、沒有假期，一有空就自覺地泡在實驗室裡如癡如醉地潛心研究。人們常說「板凳要坐十年冷，文章不寫半句空」，實際上正是這十九年的「冷板凳」，才換來了他們今天的輝煌成就。

不刻意追求輝煌人生，而是在年復一年的踏實工作中累積。這是許多成功者的經驗。記得《聖經》中有一句話，就是「天堂裡從來就沒有什麼幸運的事情」。花草的種子先要穿越沉重黑暗的泥土才得以在陽光下發芽微笑。小鳥要失去了無數根羽毛才能夠錘煉出凌空的翅膀。就連上帝，也不過是曾經在地獄中走過了最長的路，掙扎得最艱難的那個人。而作爲每一個普普通通的人，要想成就一番事業，不經過踏踏實實地奮鬥、拚搏，不用心血和汗水澆灌事業之花，又何談成功？

所以，享受踏實人生，關鍵是要做到經得住各種誘惑，不浮不躁，對自己、對事業成功始終有清醒的認識，踏踏實實走好自己的人生路。

其實，就是許多大名人其人生也並非我們所想像的那般風光。杜甫寫下的「萬里悲秋常作客，百年多病獨登台」，可謂是他一生寂寞孤苦的生動註釋。

大畫家齊白石說「畫者，寂寞之道」。他衰年變法，十載關門，聲言「餓死京華，公等勿憐」。

二十三歲就獲得哲學碩士學位的黑格爾，曾躲在偏僻的伯爾尼當了六年家庭教師。但現在，由於社會上拜金主義思想的影響，以及一些媒體對一些所謂成功人士的炒做宣傳，使得社會上不少人，特別是年輕人，世界觀、人生觀出現了偏差，尤其是對財富和成名產生了不切實際的幻想。

在這種浮華思想影響下，這些人往往瞧不起普通人的生活，不願從基礎、基層做起，不願付出艱苦的勞動，凡事總想走捷徑，甚至不擇手段，走向邪路。這種錯誤的思想，害了年輕人，讓他們付出了慘痛的人生代價。吳英就是一個例證。

實際上，再往遠處看，也並非只有金錢、財富、成功才是人生唯一的檢驗尺度。前任美國總統吉米．卡特聲稱：「我們發覺，擁有東西和享用東西並不能滿足我們對人生意義的渴求。」

作家余華有一部著名的小說《活著》，描述了主角富貴一家四代人的普通生活。小說透過樸素的生活告訴我們，人活一世，十有八九都是平淡無奇的，但其中又不乏精彩，關鍵看你如何去體會。小說中富貴的爹告訴兒子：雞長大了就變成鵝，鵝長大了就變成羊，羊長大了就變成牛，有了牛，我們的生活就好過了。其實人生何嘗不是如此呢，立足本身，踏踏實實、一步一個腳印地活著，才能活得心裡踏實。正如余華所說的：人是爲活著本身而活著的，而不是爲了活著之外的任何事物所活著。

踏實的人生最美麗。人生要有所追求，但只為生命充實；要有奮鬥目標，只為生活得高尚；要有人生坐標，只為做事做人對得起良心。人生之路踏踏實實、一步一個腳印地走下去，也許不快，但心安神定，很穩當，不容易跌倒。踏踏實實地走，會意志更堅定，咬定目標不放鬆，不容易走彎路。踏踏實實地走，可以邊走邊欣賞人生的美麗、享受人生的幸福快樂，苦中有樂，越走越輕鬆。

要成功，先要擁抱失敗

人們都想成功，痛恨失敗。

任何人都希望自己成功，這點是毫無疑問的，失敗是每個人不屑一顧的，但是失敗可以引起人們的重視，它會在平時三番五次地出現在我們面前，在百般阻撓的失敗中讓人尋找成功的秘訣，因此，要成功，就要先學會去承擔失敗、去擁抱失敗，從失敗中站起來繼續向前去尋找成功的秘訣。

人們經常說「失敗是成功之母」等經典的句子。人們經常把它當做失敗後的寄託詞，也有許多人用來掩飾自己的懦弱和無能，很少有人會用心地去體會這些話的奧妙之處，不知道用這句話去鼓勵自己或他人。

事實上，只有不斷遇到失敗的人，才能從失敗中吸取經驗和教訓，時時告誡自己，不要被一時的失敗給擊倒。只要日積月累地吸取經驗和教訓，就一定能取得成功。這如同是一把金鑰匙，是我們開啟成功大門的工具。有一則這樣的故事，它可以給我們很大的啟發。

一天，一個農民的驢子掉到了枯井裡。那可憐的驢子在井裡淒慘地叫了好幾個鐘頭，農民在井口急得團團轉，就是沒辦法把它救起來。最後，他斷然認定：驢子已經老了，這口枯井也該填起來了，不值得花這麼大的精力去救驢子。

農民把所有的鄰居都請來幫他填井。大家抓起鐵鍬，開始往井裡填土。驢子很快就意識到發生了什麼事，起初，它只是在井裡恐慌地大聲號叫。不一會兒，令大家都很不解的是，它居然安靜下來了，農民終於忍不住朝井下看，眼前的情景讓他驚呆了。

每一鏟砸到驢子背上的土，它都作了出人意料的處理：迅速地抖了下來，然後狠狠地用腳踩緊。就這樣，沒過多久，驢子竟把自己升到了井口。它縱身跳了出來，快步跑開了。在場的每一個人都驚詫不已。

其實，工作也是如此。各式各樣的困難和挫折，會如塵土一般落到我們的頭上，要想從這苦難的枯井裡脫身逃出來，走向人生的成功與輝煌，辦法只有一個，那就是：將它們統統都抖落在地，重重地踩在腳下，在與失敗親密接觸之後，再將它狠狠地扔掉，踩在它的肩膀上一步步向成功走去。因爲，生活中我們遇到的每一個困難，每一次失敗，其實都是人生歷程中的一塊墊腳石，踏著這樣的墊腳石，我們才可以更快地去接近成功。

有人說過：成功可以消磨人的意志，失敗可以磨煉人的意志。成功時，很多人常常會驕傲自大，不思進取，躺在成功之上，自以爲是很了不起。

時間一長，就會喪失鬥志，不思進取。俗話說得好，「好漢不提當年勇」，就是爲了告誡那些自以爲只要在某件事上取得一點點成功，就洋洋得意，驕傲自大，坐享其成的人。這樣，當失敗襲擊我們時，只會讓自己驚慌失措，坐以待斃了。

同樣我們都知道：成功是目標，失敗是經過。只有經過無數次失敗才能取得最後的成功，那樣的成功才是最真實、最可靠、最有紀念價值的。

只有吃完了如毒藥一般的失敗，才能真正品嚐到成功的喜悅。是否成功的結果當然很重要的，但最重要的是我們在追尋成功的過程中所學到的經歷，只要自己努力了，不管結果如何都是最值得我們回味的，也是最能夠激勵我們繼續往前走，繼續去追尋更大的成功。

失敗後，請不要自暴自棄，要勇敢地站起來，有人曾說過「一百次跌倒就要站起來一百零一次」；還有人說「從哪裡跌倒就從哪裡爬起來」，這些話都很有道理。要相信自己的失敗只是暫時的，只要我們能做到不屈不撓就可以最終取得成功。所以，請不要害怕失敗，而要努力去接受失敗，要知道失敗並不可怕，可怕的是每次掉進同樣的一個陷阱裡。我們只要勇敢開拓創新，那麼，我們的成就將與我們的成功同樣輝煌。

大家都知道桑德斯上校，「肯德基」連鎖店的創辦人，但你們知道他是如何建立起這麼成功的事業嗎？

桑德斯上校在六十五歲時還身無分文，孑然一身，當他拿到生平第一張救濟金支票時，金額只有一百零五美元，但他沒有抱怨，而是自問：「到底我對人們能作出什麼貢獻呢？我有什麼可以回饋的呢？」

隨之，他便思量起自己的所有，試圖找出可爲之處。

頭一個浮上他心頭的答案是：「很好，我擁有一份人人都會喜歡的炸雞秘方，不知道餐館要不要？我這麼做是否划算？」

隨即他又想到：「要是我不僅賣這份炸雞秘方，同時還教他們怎樣才能炸得好，這會怎麼樣呢？如果餐館的生意因此而興隆的話，那又該如何呢？如果上門的顧客增加，且指名要點用炸雞，或許餐館會讓我從其中抽成也說不定。」

好點子固然人人都會有，但桑德斯上校就跟大多數人不一樣，他不但會想，而且還知道怎樣付諸行動。隨之他便開始挨家挨戶地敲門，把想法告訴每家餐館：「我有一份上好的炸雞秘方，如果你能採用，相信生意一定能夠更興隆，而我希望能從增加的營業額裡抽成。」

很多人都當面嘲笑他：「得了吧，老傢伙，若是有這麼好的秘方，你幹嗎還穿著這麼可笑的白色服裝？」這些話是否讓桑德斯上校打退堂鼓呢？絲毫沒有，因爲他還擁有天字第一號的成功秘訣，那就是執著，決不輕言放棄。

最終桑德斯上校的炸雞配方被接受了，但是在整整被拒絕了一千零九次之後，他才聽到了第一聲「同意」。

在整整兩年的時間裡，他駕著自己那輛又舊又破的老爺車，足跡遍及美國每一個角落。睏了就睡在後座，醒來逢人便訴說他的炸雞配方。他爲人示範所炸的雞肉，經常就是他裹腹的餐點，往往匆匆便解決了一頓。

在歷經一千零九次的拒絕，整整兩年的時間裡，有多少人還能夠鍥而不捨地繼續下去呢？真是少之又少了，也無怪乎世上只有一位桑德斯上校，這也正是他取得成功的可貴之處。

任何一個成功者，幾乎都會被人們看做是會做事的人，人們情不自禁地把羨慕的眼光投向他們。可是，我們是否想到，幾乎他們中的每一個人都經歷過失敗的考驗？

其實失敗並不可怕，但是要從中得到教訓，否則才是真正的失敗。有諺語說「再平的路也會有幾塊石頭」、「經一番挫折，長一番見識」、「小挫之

後，反有大獲」。

所以當我們面對失敗時，不要有「一失足成千古恨，再回首成百年身」的哀怨，而要有「不是一番寒徹骨，怎得梅花撲鼻香」的感悟，走出尋尋覓覓的茫然，向著目標奮進。走入驀然回首，那人卻在燈火闌珊處的境界，我們就已經成功在望。這時，一切的失敗都會化為足下的墊腳石，助我們登上高峰，只有這樣才能真正地品嚐到成功的甜蜜所在。

創新需要一點勇氣

當今社會，正經歷著知識爆炸的劇變，人人都看到了創新的重要，卻並不是人人都有創新的舉動。究其根本，並不是人人都有創新的勇氣。

在大多數人眼裡，一提到創新，就想到比爾．蓋茲，創新就等於豪宅，就等於鈔票，但有誰意識到比爾．蓋茲在創新時面臨的危機和挑戰，誰又能領會到創新需要的巨大勇氣。

要創新，就必須忍受別人的白眼。中國有句俗話「棒打出頭鳥」，在大多數人習慣了跟在人後唯唯諾諾時，創新意味著「危險」。

歷史上哪一個因創新而聞名的人沒有遭受過流言飛語，沒有陷入過眾口鑠金的窘迫境地：想當初，袁隆平在致力於研究高產的雜交水稻時，不也經常受到騷擾，甚至不時地被迫停止實驗嗎？但是袁隆平乃至其他因創新而聞名的人卻最終成功了，因爲他們有足夠的勇氣去面對他人的唾沫和白眼，這是一種堅信真理掌握在自己手中的勇氣！

由此聯想到英國著名病理學教授貝弗裡奇在《科學研究的藝術》一書中所說的，要想在科學研究中獲得成果，不僅需要掌握豐富的知識和科學的研究方法，還必須具有「大無畏」的科學勇氣，而我們在工作中也應該如此。

你是否保持著突破式創新的夢想和顛覆自己的勇氣？我們不否認，在選擇突破式創新和漸進式創新的時候，人們更容易傾向於在自身資源、能力還比較匱乏的時候，選擇漸進式、改良性的創新。踩在別人的肩膀上，減少創新中的風險，是一條荊棘更少、更立竿見影的道路。

在一次體育課上，體育老師正在考核一群小學生有誰能躍過一米五的横桿。幾乎所有的學生都沒有成功。

輪到一名十一歲的小男孩時，他猶豫半天，一直在冥思苦想如何才能跳過一米五。但時間不允許了，老師再一次催促他立即行動。

情急之中，他跑向横桿，突發奇想，竟在到達横桿前的一刹那倒轉過身體，面對老師，背對橫桿，騰空一躍，鬼使神差般跳過一米五的高度。他狼狽地跌落在沙坑中，有些垂頭喪氣地低頭等待批評。旁觀的同學們都在嘲笑他的跌倒。

體育老師若有所思，微笑著扶他起來，並表揚他有創新的精神，鼓勵他繼續練習他的「背越式」跳高，並幫助他進一步完善其中的一些技術問題。

而這位小學生不負眾望，後來他在一九六八年的墨西哥奧運會上，採用「背越式」的奇特跳高姿勢，征服了兩米二四的高度，刷新了當時奧運會的跳高紀錄，一舉奪取了奧運會跳高金牌，成爲蜚聲全球、赫赫有名的體壇超級明星。

他就是美國跳高運動員理查德·福斯伯。在生活中有許多成功的機會等待我們去把握和創造，有些時候也許僅僅需要我們一點點創新的勇氣。當我們左衝右突不得突圍之時，爲什麼不試試另外的途徑呢？當你向前邊尋找機會沒有成功的時候，說不定成功就在你的身後。

然而，這樣將永遠是「跟風者」而非「首創者」，而兩者在工作中的成就永遠不可同日而語。要做一個追趕者進而做一個超越者，還要有背水一戰的決心。

創新，是荊棘叢中的一束花，要想採擷它的芳香，就需不畏利刺的威脅；創新，是天涯海角的一捧清泉，要想品嚐它的甘醇，就需不畏風餐露宿的勞苦；創新，是險峻高山上的無限風光，攀登創新的險峰，需要跋山涉水的勇氣。創新是一株幼苗，勇氣是它的陽光雨露，是它的空氣養料，唯有勇氣才能澆灌出一株創新的參天大樹。

讀品文化-讀者回函卡

■ 謝謝您購買本書，請詳細填寫本卡各欄後寄回，我們每月將抽選一百名回函讀者寄出精美禮物，並享有生日當月購書優惠！
想知道更多更即時的消息，請搜尋"永續圖書粉絲團"

■ 您也可以使用傳真或是掃描圖檔寄回公司信箱，謝謝。
傳真電話：(02) 8647-3660　　信箱：yungjiuh@ms45.hinet.net

◆ 姓名：　□男　□女　□單身　□已婚

◆ 生日：　□非會員　□已是會員

◆ E-Mail：　電話：(　)

◆ 地址：

◆ 學歷：□高中及以下　□專科或大學　□研究所以上　□其他

◆ 職業：□學生　□資訊　□製造　□行銷　□服務　□金融
□傳播　□公教　□軍警　□自由　□家管　□其他

◆ 閱讀嗜好：□兩性　□心理　□勵志　□傳記　□文學　□健康
□財經　□企管　□行銷　□休閒　□小說　□其他

◆ 您平均一年購書：□ 5本以下　□ 6～10本　□ 11～20本
□ 21～30本以下　□ 30本以上

◆ 購買此書的金額：

◆ 購自：　市(縣)
□連鎖書店　□一般書局　□量販店　□超商　□書展
□郵購　□網路訂購　□其他

◆ 您購買此書的原因：□書名　□作者　□內容　□封面
□版面設計　□其他

◆ 建議改進：□內容　□封面　□版面設計　□其他
您的建議：

剪下後傳真、掃描或寄回至「22103新北市汐止區大同路三段194號9樓之1讀品文化收」

廣告回信
基隆郵局登記證
基隆廣字第 55 號

221-03

新北市汐止區大同路三段 194 號 9 樓之 1

讀品文化事業有限公司　收

電話/(02)8647-3663　傳真/(02)8647-3660

劃撥帳號/18669219　永續圖書有限公司

請沿此虛線對折免貼郵票或以傳真、掃描方式寄回本公司，謝謝！

讀好書品嘗人生的美味

注意！你的身邊有賤狗出沒